U0915389

澄衷蒙學堂字課圖說

叁

禮

上

良以切。禮有五經。莫重於祭。故从示豊聲。經傳所載。儀禮周禮禮記合稱之為三禮。吉凶軍賓嘉為五禮。昏冠喪祭鄉相見為六禮。又昏禮以納采問名納吉納徵請期親迎為六禮。今官制有禮部。掌邦國之禮事。

音蠡。本恭敬而節文之曰禮。送禮。禮拜。

制

去

征例切。制裁斷也。人君裁斷事物之言曰制。誥。裁斷而定為法者曰制。制度。引申之以制制人即曰制。如節制禁制是也。又凡喪服必有定制。故俗稱居三年之喪者曰守制。

音製。成法曰制。制度。節制。

政

去

之盛切。政者正也。正國者曰國政。正家者曰家政。引申之凡上所施於下者皆謂之政。故雖弊政虐政亦以政稱。

音正。所以正人者曰政。郵政局。政事。

教

去

居效切。上施於下使效之也。教所以教民。儒者以聖賢之道教民。謂之儒教。合釋道二教稱三教。西教之著者。曰回教。曰耶穌教。耶穌教又有天主耶穌之別。

平　居肴切。

音較。訓人曰教。所以訓人者亦曰教。儒教。教化。

平　音交。使也。

程

平

馳貞切。古者十髮為程。十程為寸。程度之所起也。故轉為程度章程之程。又轉為工程之程。言限之以程度也。

音呈。定式曰程。程式。路程。

紀

上

居里切。羣絲之總曰紀。凡理絲必由其總。故理絲亦曰紀。引申之為綱紀經紀之紀。又十二年為一紀。西歷以百年為一世紀。自光緒二十六年即西歷一千九百年始為二十世紀。

音己。綜理萬事曰紀。倫紀。年紀。

綱

平

居昂切。網之大繩也。凡張網者。提其綱則眾目皆舉。故謂事之小節曰目。事之大端曰綱。三綱謂君臣父子夫婦也。

音岡。事之要領曰綱。紀綱。綱領。

統

去

他綜切。統絲之總也。凡統緒統系皆以總為義。引申之為統一。統觀。皆以總之為義。今歐洲稱民主之國君曰伯里璽天德。譯義即大總統也。

音䵺。總領其事曰統。統領。一統。

緒

上

徐呂切。緒絲之端也。引申之凡事之始皆曰緒。尋究其事之始亦曰緒。

音敘。事之端曰緒。頭緒。光緒。心緒。

治

去

直意切。

平　陳之切。

音穉。不亂曰治。國治。

平　音持。使之不亂曰治。治國。

禁

去

居蔭切。制人曰禁。如監禁禁止是。故天子所居曰宮禁。言禁人使不入也。

平　居吟切。

今去聲。止人為非曰禁。監禁。

平　音今。力所勝也。不禁。

詔

去

之笑切。詔本君民通用。秦漢以下。專稱天子之令為詔。今明發者曰上諭。寄密諭者曰密旨。電諭者曰電旨。無非詔也。各督撫奉詔而榻於外者曰謄黃。

音照。上所以告下者曰詔。恩詔。詔令。

諭 去

音裕。曉也。又曉之也。　未諭。　譬諭。

俞戍切。明其理曰諭。曉之以理亦曰諭。上所以曉下者用之。故今稱詔書曰上諭。

命 去

鳴去聲。凡尊者之言曰命。　命令。　算命。

眉病切。命猶令也。在事曰令。在言曰命。故从口令會意。轉為天命之命。俗以窮通夭壽為命。意本於此。

令 去 平

零去聲。必行之命曰令。　令旗。　縣令。

音零。使也。　使令。

力正切。君之令曰律令。天之令曰時令。令出惟行。弗惟反。以其必出於善也。故假為令德。令儀之令。因又假為邑令之令。郎丁切。

示 去

音侍。與視曰示。　告示。　指示。

神至切。二古文上。上天也。川三垂。日月星也。天垂象見吉凶。所以示人也。引申為曉示告示之示。　示古祇字。故祭祀等字皆从示。

奏 去

諏去聲。言事於天子曰奏。　奏章。　節奏。

則候切。奏進也。奏事奏功皆本此義。凡樂一更端曰奏。九奏乃終。謂之九成。言其樂進而益上也。

頒 平

音班。分布曰頒。　頒白。　頒行。

布還切。頭半白曰頒。言髮之黑白分也。引申之。凡分物皆曰頒。如頒賞頒行等皆是。

賜 去

思去聲。予物於卑者曰賜。　賞賜。　賜宴。

斯義切。

賞 上

音晌。賜有功者曰賞。　賞功。　刑賞。

始兩切。上所以報下之功也。

賑 上

音軫。以富救貧曰賑。　助賑。　賑捐。

止忍切。通作振。貧民不振。發倉廪以賑之。使之振動也。

租 平

租平聲。取諸農者曰租。　收租。　租界。

宗蘇切。租借也。古者田皆在官。民借之於官以耕之。而出其什一以奉上。謂之租。推之凡以物借人及借人之物皆曰租。其借物之值亦即曰租。今通商口岸各國所租住者曰租界。

稅 去

音悅。取諸工商者曰稅。　完稅。　稅務司。

輸芮切。稅賦也。租專取諸農。稅則兼及農工商。後世有關稅。牙稅。契稅及蘆課。鹽課。礦課之屬。皆謂之稅。而不及於農。

漕 去 平

曹去聲。輸粟也。水運曰漕。　漕運。　漕糧。

音曹。義同。

在到切。又昨勞切。車運穀曰轉。水運穀曰漕。漕運始自元明。導汶水北會漳衛。本朝南鑿桃宿之道。開中運河。於是糧艘由淮浦徑取山東。直達通州。故於通州設倉場總督。於淮浦設漕運總督。今海運盛而漕務簡矣。

[illegible]

帑

上　平

音躺。藏金帛之府曰帑。　國帑。　帑藏。
音奴。與孥通。

他曩切。　又乃都切。

祭

去

音霽。陳牲祀神曰祭。　祭祀。　喪祭。

子例切。祀也。从示从手持
祭
肉會意。古人飲食。每種各出少許。置之豆間之地曰祭。謂祭先代始為飲食之人也。

祀

上

音似。祭也。　祭祀。　祀神。

詳子切。古者小祭五祀。月令謂門戶中霤竈行。呂覽謂戶竈中霤門井。王制謂司命中霤門行厲。　本朝定制。大祀以祭天地宗廟社稷。中祀以祭日月嶽瀆先師先農及歷代帝王。其餘皆曰羣祀。　又殷稱年曰祀。

禱

上

音倒。祈福於神曰禱。　禱告。　默禱。

都皓切。有求於神曰禱。引申之有求於人亦曰禱。

祝

去　入

音粥。以言告神曰祝。　祝文。　讀祝。
音晝。設誓於神前曰祝。　詛祝。

之六切。　職救切。同呪。

覲

去

音僅。諸侯入見天子曰覲。　入覲。　覲見。

巨吝切。覲之言勤。言其勤勞王事也。今召見外邦使臣曰覲見。

盟

平

音萌。約誓於神明曰盟。　同盟。　盟誓。

謨耕切。古者諸侯相結則有盟。盟必殺牲取血以告誓於神明。故篆文从明从血會意。今各國訂約聯盟。但以畫押為信。而無歃血告神之事。

宴

去

音燕。會食曰宴。　賜宴。　宴安。

伊甸切。宴安也。君子以飲食宴樂。故因申為宴飲之宴。古作燕飲。亦作醼飲。

享

上

饗

音響。宴之示敬者曰享。　燕享。　享福。

許兩切。與饗通。祀神曰享。引申之凡獻而不食者皆曰享。故宴有折俎。享則體薦。又受享於人亦曰享。

慶

去

卿去聲。吉事曰慶。賀人之吉事亦曰慶。　喜慶。　慶壽。

邱正切。慶者本吉事之通稱也。今專以壽人為慶。

賀

去

音係。慶人之吉事曰賀。　賀儀。　朝賀。

胡箇切。

贄

去

音寘。所執以相見者曰贄。　執贄。　贄敬。

支義切。古者相見。必執贄以為禮。男贄大者玉帛。小者禽鳥。女贄榛栗棗脩。古本作摯。从手執會意。

圭 珪 平

音閨。瑞玉也。圭璋。執珪。

涓畦切。與珪同。上圜下方。王者以封諸侯。故字从重土。公執桓圭。侯執信圭。伯執躬圭。凡聘問鄰國。必使大夫執以通信。又所以測日景者。謂之土圭。以其形似圭也。又量名。六十四黍為圭。故藥一劑為一刀圭。

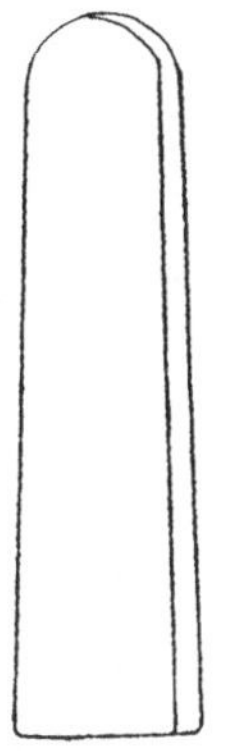

璽 上

音徙。天子之寶曰璽。玉璽。

想字切。印也。古者尊卑皆用之。秦漢而後。惟天子之印得稱璽。今謂之御寶。貯於交泰殿者二十五。貯於盛京者十。內閣及內務府掌之。製皆以玉。閒有以金或栴檀為之者。

鑾 平

音鸞。天子所乘車曰鑾。鑾駕。金鑾殿。

盧官切。人君乘車。四馬鑣。八鸞鈴。以象鸞鳥聲和則敬也。今掌護衛乘輿出入者曰鑾儀衛。

輦 上

音鄰。挽車曰輦。所挽之車即曰輦。步輦。輦重。

力展切。从車从扶。會意。扶並行也。古者天子乘玉輦。故京邑曰輦轂之地。

蹕 入

音必。清道曰蹕。駐蹕。

壁吉切。天子行則先警蹕。言警人使避也。

鼎 上

音頂。和五味之器也。寶鼎。鼎足。

都挺切。鼎三足兩耳。故三相等謂之鼎足。夏大禹收九州之金以鑄九鼎。歷世相承奉為寶器。故定天下者謂之定鼎。

彝 平

音姨。宗廟之常器曰彝。鼎彝。彝倫。

延知切。彝即尊也。雞彝鳥彝斝彝黃彝虎彝蜼彝謂之六彝。彝為常器。故引申之訓為常。如秉彝彝訓等皆本此義。

筵 平

音延。竹席曰筵。盛筵。筵席。

夷然切。凡席。初在地者一重謂之筵。重在上者謂之席。一說陳之曰筵。坐之曰席。皆宴會所用。故俗稱宴賓之饌曰酒筵。亦曰酒席。

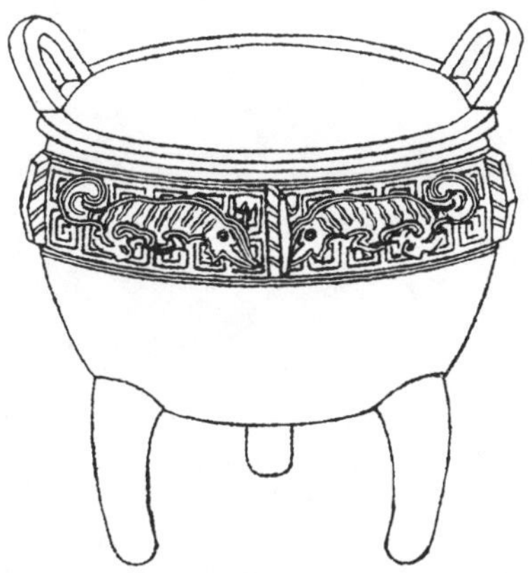

俎 上

音阻。祭祀載牲之器曰俎。 鼎俎。 俎豆。

莊所切。

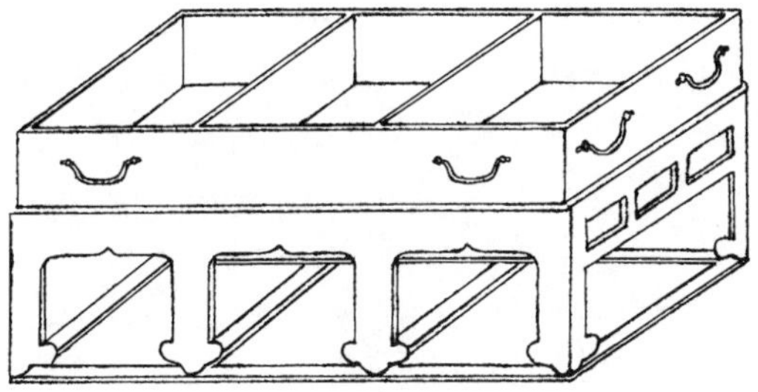

豆 去

音竇。盛肉之器也。 俎豆。 豆麥。

大透切。象形。所以薦菹醢豆之器也。木豆謂之豆。竹豆謂之籩。瓦豆謂之登。 又量名。十六黍為一豆。六豆為一銖。又菽也。今大豆小豆古皆謂之菽。蠶豆古謂之戎菽。

籩 平

音邊。以竹為豆曰籩。 籩豆。

卑眠切。籩竹身。籐緣其口。形制如豆。用以盛棗栗脯脩之屬。

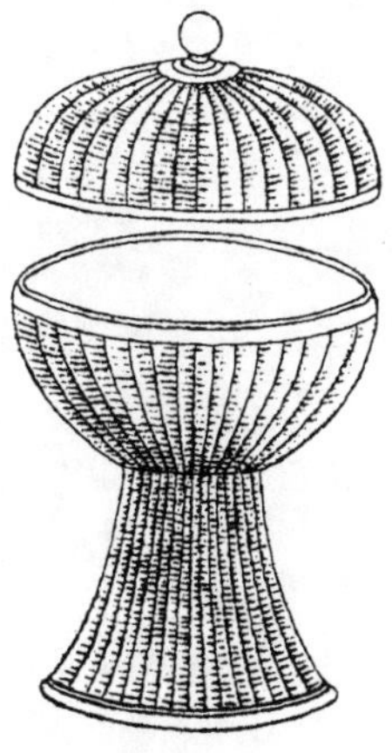

簠 上

音甫。盛黍稷之圓器也。 簠簋。

斐古切。外圓內方曰簠。容一斗二升。

簋 上

音晷。盛黍稷之方器也。

古委切。簋內圓外方。以木為之。容斗二升。

笏 入

音忽。臣執以見君者曰笏。 正笏。 笏板。

呼骨切。笏忽也。備忽忘也。凡有指畫於君前用笏。受命於君則書於笏。古者天子之笏用球玉。諸侯以象。大夫以魚須文竹。士以竹本。長二尺有六寸。明制。四品以上用象。五品以下用木而飾以粉。

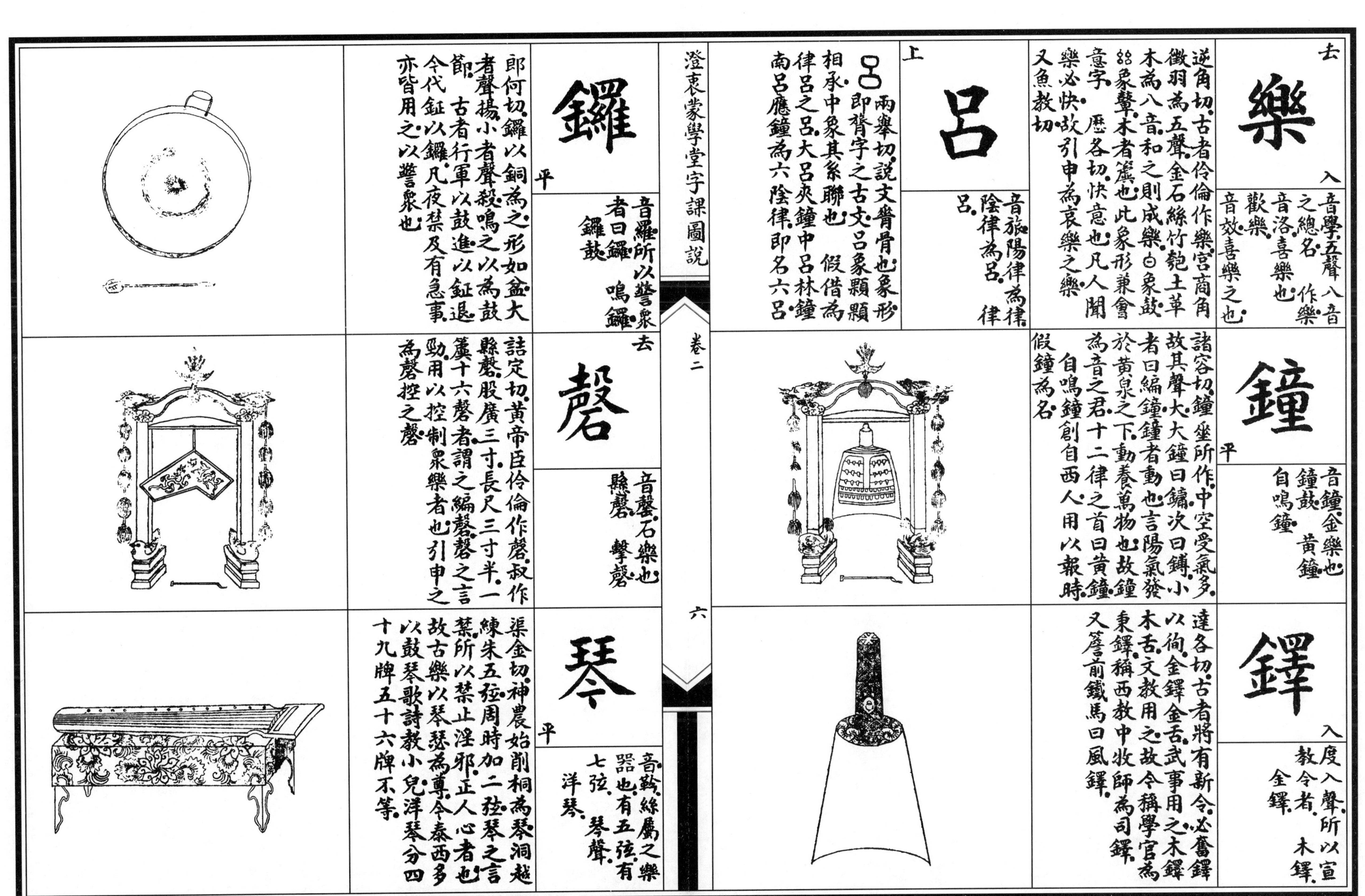

去 樂 入

音學。五聲八音之總名。作樂。 音洛。喜樂也。歡樂。 音效。喜樂之也。

逆角切。古者伶倫作樂。宮商角徵羽為五聲。金石絲竹匏土革木為八音。和之則成樂。白象鼓。𢆶象鼙。木者虡也。此象形兼會意字。 歷各切。快意也。凡人聞樂必快。故引申為哀樂之樂。又魚教切。

上 呂

音旅。陽律為律。陰律為呂。 律呂。

兩舉切。說文。膂骨也。象形。即膂字之古文。呂象顆顆相承。中象其系聯也。 假借為律呂之呂。大呂。夾鐘。中呂。林鐘。南呂。應鐘。為六陰律。即名六呂。

平 鐘

音鍾。金樂也。 鐘鼓。 黃鐘。 自鳴鐘。

諸容切。鐘。垂所作。中空受氣多。故其聲大。大鐘曰鏞。次曰鎛。小者曰編鐘。鐘者動也。言陽氣發於黃泉之下。動養萬物也。故鐘為音之君。十二律之首曰黃鐘。 自鳴鐘。創自西人。用以報時。假鐘為名。

入 鐸

度入聲。所以宣教令者。 木鐸。 金鐸。

達各切。古者將有新令。必奮鐸以徇。金鐸金舌。武事用之。木鐸木舌。文教用之。故今稱學官為秉鐸。稱西教中牧師為司鐸。又簷前鐵馬曰風鐸。

平 鑼

音羅。所以警衆者曰鑼。 鳴鑼。 鑼鼓。

郎何切。鑼以銅為之。形如盆。大者聲揚。小者聲殺。鳴之以為鼓節。 古者行軍以鼓進。以鉦退。今代鉦以鑼。凡夜禁及有急事。亦皆用之以警衆也。

去 磬

音罄。石樂也。 擊磬。 縣磬。

詰定切。黃帝臣伶倫作磬。叔作縣磬。股廣三寸。長尺三寸半。一簴十六磬者。謂之編磬。磬之言勁。用以控制衆樂者也。引申之為磬控之磬。

平 琴

音黔。絲屬之樂器也。有五弦。有七弦。 琴聲。 洋琴。

渠金切。神農始削桐為琴。洞越練朱五弦。周時加二弦。琴之言禁。所以禁止淫邪。正人心者也。故古樂以琴瑟為尊。今泰西多以鼓琴歌詩教小兒。洋琴分四十九牌。五十六牌不等。

瑟

入

音蝨。絲屬之樂器也。二十五弦。鼓瑟。瑟瑟。

色櫛切。伏羲所作。亦練朱弦本五十弦。黃帝始改為二十五弦。瑟之言肅。所以懲忿窒欲。正人之德也。故引申為矜莊嚴密之詞。又能使人精潔其心。故引申為鮮潔之貌。

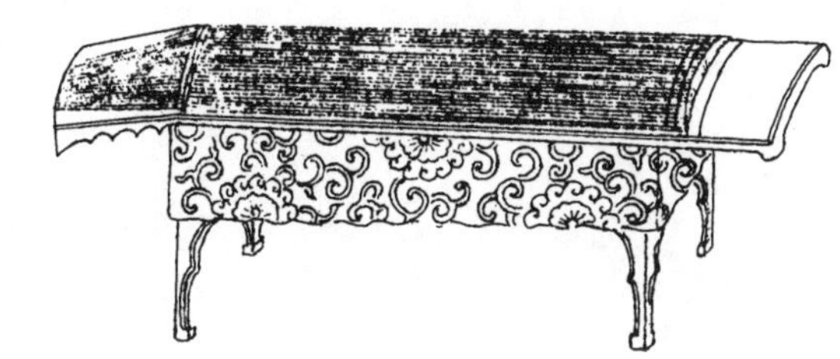

琵

平

音爬。弦樂之用於馬上者曰琵琶。銅琶。

蒲巴切。漢時裁箏筑為馬上之樂。以遺烏孫公主。其器中虛外實。盤圓柄直。十二柱四弦。以俗語名之曰琵琶自下逆鼓為琵自上順鼓為琶。言以手推引之也。本謂之批把。

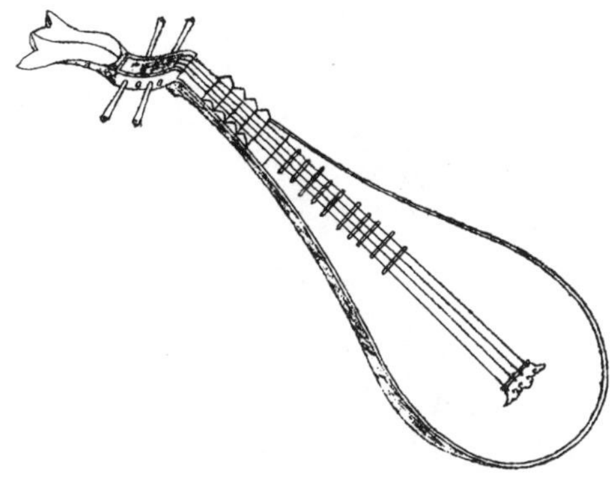

箏

平

音爭。張弦而竹身者為箏。彈箏。風箏。

甾耕切。箏。瑟類。秦聲也。秦俗薄惡。有父子爭瑟者。各入其半。當時名為箏。後蒙恬因之以造箏。本十二弦。今則十三。今小兒玩具駕弦於紙鳶上放之空中。謂之風箏。以其音似箏也。

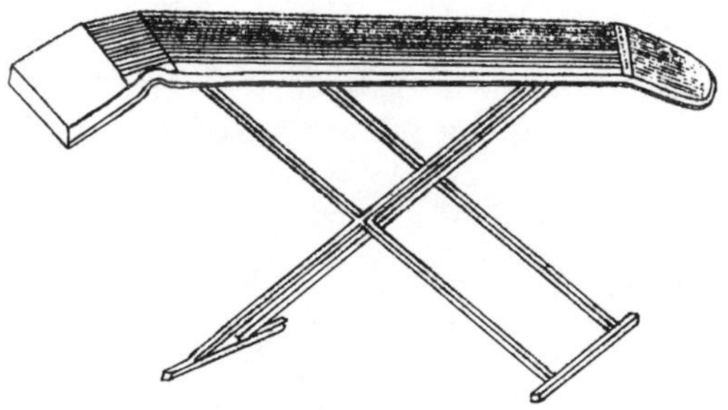

簫

平

音蕭。簫之大者二十四管。小者十二管。編竹為之。笙簫。吹簫。

先彫切。虞舜所作。其形參差象鳳翼。大者長尺四寸。無底而善應。小者長二寸。有底而交鳴。簫之言肅。其聲肅肅而清也。漢時有洞簫。今無其器。近所用者。一管若笛而縱吹之。古所謂豎笛也。

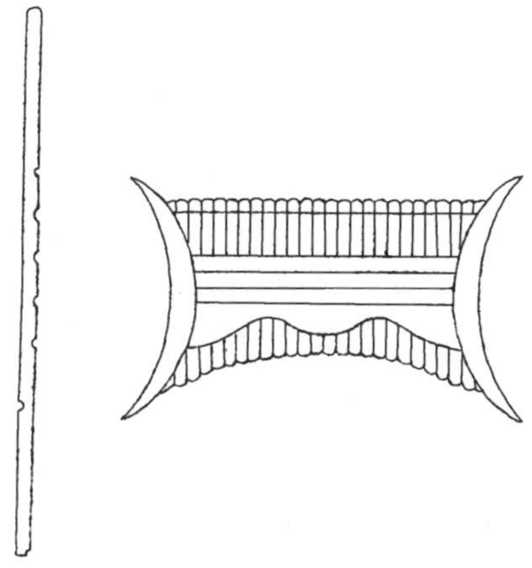

笛

遂

入

音狄。管樂而七孔者。雅笛。羌笛。

杜歷切。笛制有雅笛有羌笛。雅笛七孔。古謂之管。亦謂之篴。篴者。滌也。所以驅滌邪志納之雅正也。羌笛四孔。漢時京房加一孔。

笳

平

音嘉。軍中之樂。胡笳。

居牙切。笳創於胡。故自古稱胡笳。大者似觱栗。十八拍。小者十九拍。末拍為契聲。用為軍樂之節奏。

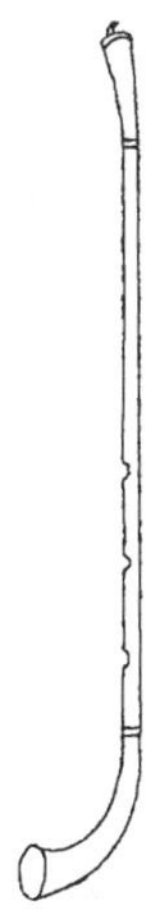

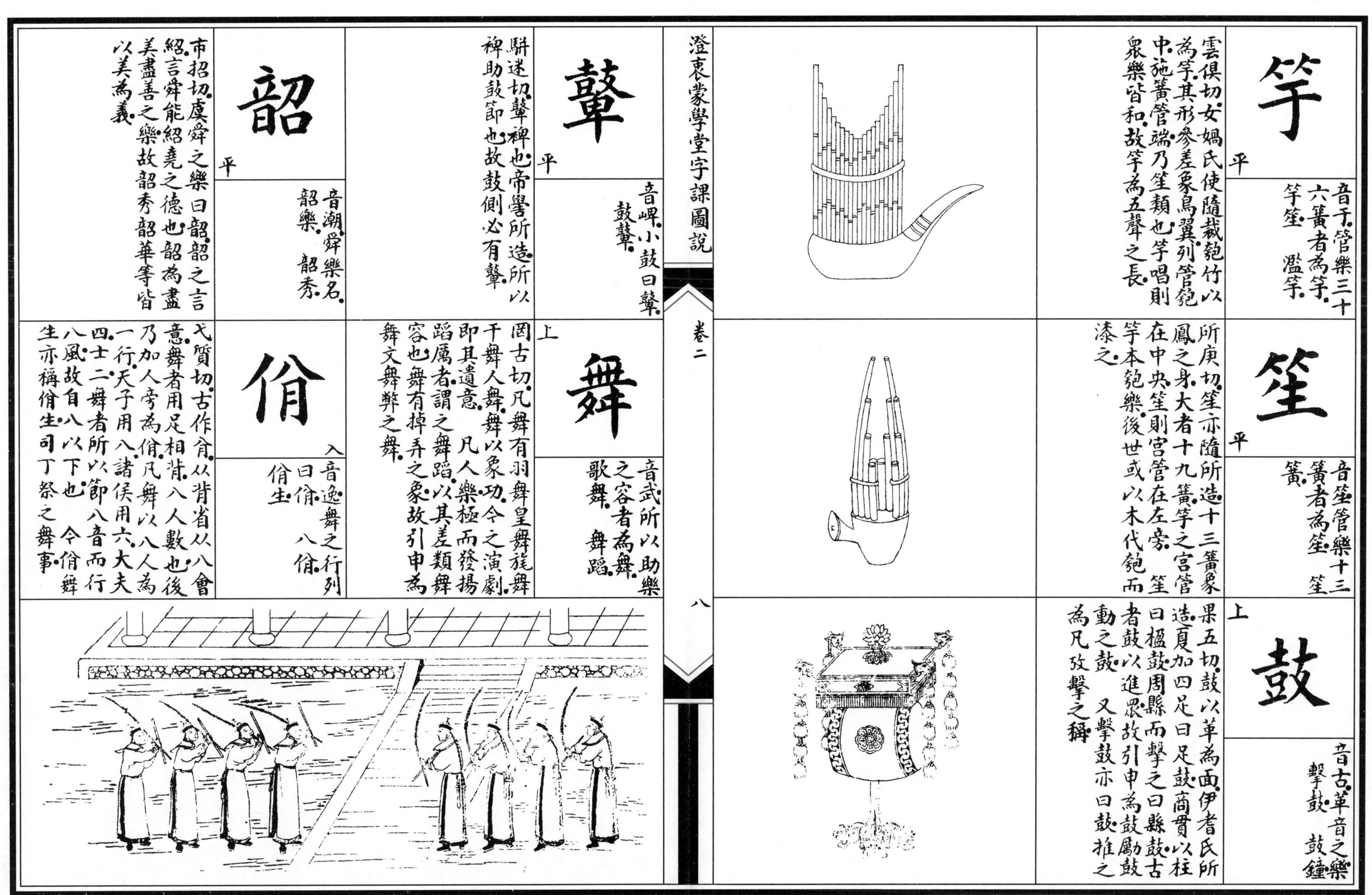

竽 平

音于。管樂三十六簧者為竽。竽笙　濫竽

雲俱切。女媧氏使隨裁匏竹以為竽。其形參差象鳥翼。列管匏中施簧。管端乃笙類也。竽唱則衆樂皆和。故竽為五聲之長。

笙 平

音笙。管樂十三簧者為笙。笙簧

所庚切。笙亦隨所造。十三簧象鳳之身。大者十九簧。竽之宮管在中央。笙則宮管在左旁。笙竽本匏樂。後世或以木代匏而漆之。

鼓 上

音古。革音之樂。擊鼓　鼓鐘

果五切。鼓以革為面。伊耆氏所造。夏加四足曰足鼓。商貫以柱曰楹鼓。周縣而擊之曰縣鼓。古者鼓以進衆。故引申為鼓勵鼓動之鼓。又擊鼓亦曰鼓。推之為凡攷擊之稱。

鼙 平

音脾。小鼓曰鼙。鼓鼙

駢迷切。鼙。裨也。帝嚳所造。所以裨助鼓節也。故鼓側必有鼙。

韶 平

音潮。舜樂名。韶樂　韶秀

市招切。虞舜之樂曰韶。韶之言紹。言舜能紹堯之德也。韶為盡美盡善之樂。故韶秀韶華等皆以美為義。

舞 上

音武。所以助樂之容者為舞。歌舞　舞蹈

罔古切。凡舞有羽舞皇舞旄舞干舞人舞。舞以象功。今之演劇即其遺意。凡人樂極而發揚蹈厲者謂之舞蹈。以其差類舞容也。舞有掉弄之象。故引申為舞文舞弊之舞。

佾 入

音逸。舞之行列曰佾。八佾　佾生

弋質切。古作肎。从背省从八會意。舞者用足相背。八人數也。後乃加人旁為佾。凡舞以八人為一行。天子用八。諸侯用六。大夫四。士二。舞者所以節八音而行八風。故自八以下也。今佾舞生亦稱佾生。司丁祭之舞事。

刑

平

音形。所以懲惡者曰刑。五刑。刑罰。

奚經切。法也。正也。言法所以正人也。古之五刑。墨劓宮刖殺。今之五刑。斬絞流徒杖。引申為刑人之刑。假借為典刑之刑。

例

去

音厲。以類相推謂之例。律例。例案。

力制切。以此比彼曰例。引申為律例凡例之例。

冤

平

音鴛。有屈未伸謂之冤。伸冤。冤枉。

於袁切。屈也。从兔从冖。兔在冖下益屈折也。引申為枉屈未申之義。古者窮民冤抑不達於上。則登肺石而呼之。今之愬冤者。於道為攔輿。於署為擊鼓。於闕為叩閽。

理

上

音里。公是公非謂之理。辨其公是公非亦謂之理。道理。理事。

良以切。治玉也。玉人順玉之文而剖析之。使之有條不紊也。故凡有條不紊者皆曰理。如倫理文理是。使之有條不紊亦曰理。如理財理事是。今官制理刑之司曰大理寺。

懲

平

音澄。儆戒有罪曰懲。痛懲。懲惡。

持陵切。恐也。使罪人警恐而自新也。故引申為懲儆懲創之懲。

過

去 平

音戈。已往曰過。經過。戈去聲。過失。

古禾切。越也。引申為經過之過。謂越乎道也。故又申為過失之過。讀古卧切。凡過之小者曰過。大者曰罪。

赦

去

音𨛜。釋有過者曰赦。大赦。赦罪。

式夜切。赦舍也。舍其罪過也。古者幼弱老耄蠢愚非手殺人者皆赦。是謂三赦。猶今時律令年未滿八歲及八十歲以上。非手殺人者皆不坐是也。今　國家有慶典則有大赦。

宥

去

音又。寬有罪曰宥。宥過。原宥。

于救切。釋其罪曰赦。寬其罰曰宥。古律不識過失遺忘皆寬其罰。是為三宥。猶今律不審而殺人與誤刃而殺人及閒帷薄忘有在而投兵以中之皆不坐死是。

捕

去

音步。索逃亡曰捕。巡捕。捕房。捕快。

蒲故切。逐取之也。其人在而直取之曰逮。其人亡而索得之曰捕。今捕廳巡捕等。皆主索取盜賊之事。

犯

上

凡上聲。以邪干正以卑干尊皆曰犯。冒犯。犯人。

防錽切。犯侵也。从犬巳。言犬突然侵人也。引申為凡干陵違害之稱。故干上違令陵政害法皆曰犯。其犯之之人即謂之犯人。

控

去

空去聲。操制之曰控。又訴有罪於官也。磬控。控告。

苦貢切。引也。匈奴名引弦為控弦。故引申為控制之控。又引其所欲言而赴訴於上。謂之上控。

究 去

音救。事之窮盡處曰究。窮盡其事亦曰究。究竟。查究。

居又切。窮盡也。引申為考究追究之究。

訟 去

音頌。爭辯曲直於官曰訟。爭訟。訟師。

似用切。爭也。爭以言者謂之訟。訟必決之於公。故从言从公。工於訟詞者曰訟師。中國懸為厲禁。泰西則擇精於律學者給以執照。使為民辨曲直。謂之律師。

判 去

音泮。分剖曲直曰判。分判。判斷。

普半切。判分也。从刀从半。言以刀分物使各半也。引申之凡分析事物皆曰判。故斷獄之詞謂之判。今官制有通判州判運判。皆以分任職事為名。

罰 入

音伐。所以代刑者曰罰。刑罰。賞罰。

房越切。从刀从詈。言持刀罵詈則應罰也。古者罰人或以金或以事。今西律亦然。

贖 入

音蜀。貿取所質謂之贖。聽贖。贖罪。

神蜀切。贖續也。續得其所質也。凡貿取所質之田產子女衣物皆曰贖。古者出金以贖罪。謂之贖刑。今亦有收贖之律。

牢 平

音勞。牛羊閑也。監牢。太牢。

郎刀切。養牛羊豕之閑曰牢。象四圍周匝而中繫牛也。故其所養之牲即曰牢。如牛為太牢。羊豕為少牢是。假借為牢獄之牢。言人之拘於獄猶牲之拘於牢也。所以拘物者必堅固。故又轉為牢固之牢。

獄 入

音玉。拘繫罪人之所曰獄。大獄。獄訟。

虞欲切。獄爭也。从犬从言會意。謂二犬相爭也。引申之凡因爭而獲罪謂之獄。所以拘獲罪者亦曰獄。古者在朝曰獄。在鄉亭曰犴。今則概以獄稱。

械 去

音邂。拘手足之具曰械。機械。器械。

胡介切。桎梏也。械在足曰桎。械在手曰梏。引申為器械軍械機械之械。

囚 平

音遒。繫人曰囚。所繫之人即曰囚。囚犯。囚籠。

徐由切。从人在囗中會意。謂人之被禁錮者也。引申之凡禁錮拘繫皆曰囚。

誅 平

音株。明正其罪曰誅。征誅。誅求。

追輸切。誅責也。誅亂國者為征討伐滅。誅亂民者為責罰殺戮。

戮 入

音陸。大辟之總名。殺戮。戮辱。

力六切。斃之也。凡斬殺膊焚辜踣肆皆得曰戮。引申為戮辱之戮。假借為戮力之戮。

梏

入

音鵲。械手之具曰梏。　手梏。

姑沃切。手械也。兩手共一木曰拲。兩手各一木曰梏。古者凡囚上罪梏拲而桎。中罪桎梏。下罪梏。今之梏或以鐵為之。

枷

平

音加。拂也。今俗謂項械曰枷。　捐枷。　枷號。

居牙切。擊草之器。有杖繫於柄端。以擿穗而出穀也。假借為校。古者以械加項謂之荷校。今俗謂之掮枷。有一人一枷者。亦有兩人共一枷者。

笞

平

音痴。扑敎之刑曰笞。　笞杖。

抽之切。笞者恥也。言人有過則捶撻以恥之。漢時用竹。後世用楚。今仍用竹。漢以上鞭背。漢以下笞臀。今笞之小者為笞。大者為杖。

絞

上

音狡。兩繩互繞曰絞。　絞罪。　絞繩。

吉巧切。繞也。从糸从交。以兩絲相交而成之也。故俗以絲一束為一絞。引申之以繩縊人謂之絞。絞為五刑之一。其罪輕於斬。所以全其首領也。

殺

入　去

音煞。刃其首領曰殺。　格殺。　殺人。　音鎩。隆殺之殺也。

山戛切。棄市之刑也。誅以鈇鉞謂之斬。誅以刀刃謂之殺。今泰西之制無殺刑。欲致之斃則鎗擊之。　又田獵之矢謂之殺矢。以火炙簡令汗取其青謂之殺青。皆本殺害之義。　又所界切。減削也。

斬

上

音嶄。刑以鈇鉞謂之斬。　監斬。　斬首。

阻減切。大辟之刑也。从車从斤。古者車裂之刑謂之斬。其後吏以鈇鉞若今之腰斬也。今以為棄市之通稱。律有斬立決斬監候之別。　又喪服斬衰。以六寸之布廣四寸為衰。帖於心前。剪而不緝。故名。

罪

辠

上

音嶵。犯法也。罪過。　得罪。

徂賄切。捕魚竹网也。从网从非。网之猶言羅於法也。引申之。凡犯法謂之罪。繩之以法亦謂之罪。　犯罪之罪古作辠。以辛自會意。自鼻也。言罪人蹙鼻苦辛也。秦始皇以辠似皇字。始改作罪。後世仍之。

文　平

音紋。集衆字以成辭謂之文。　天文。　文章。

無分切。象兩紋交互也。倉頡造字。依類象形謂之文。今東西各國皆別有文字。西文之祖有二。梵書右行。佉盧書左行。八變而為今日之文字。東文與中國畧同。而別創字母四十九以輔之。謂之平假名片假名。

字　去

音自。所以記名物者為字。　文字。　字墨。

疾二切。孳乳相生曰字。引申為撫字之字。　倉頡始造字。所謂古文。即蝌蚪書也。後史籀作大篆。李斯作小篆。程邈更作隸書。於是由隸變楷。由楷變草。而字之用益廣。　又男子冠而字。女子笄而字。所以代名也。

詩　平

始平聲。文之用韻者曰詩。　誦詩。　詩經。

申之切。詩經為孔子所刪定。凡三百十一篇。自漢而後。衍為五七言諸體。至唐而以之取士。國朝試士兼用試帖。沿其制也。

頌　去

音誦。形容盛德之詞曰頌。　稱頌。　頌揚。

似用切。頌古容字也。詩有六義。六曰頌。頌者。美盛德之形容以告神明者也。後世若橘頌中興頌等皆宗之。

騷　平

音搔。不安也。　離騷。　騷擾。

蘇曹切。騷憂也。屈原作離騷。言離憂也。後人仿以為文曰騷。騷體。凡長於詞章者曰騷人。又擾也。騷擾之騷。以事言。牢騷之騷。以心言。皆有不安之意。

賦　去

音付。古詩之流也。　詩賦。　賦詩。

方遇切。詩有六義。二曰賦。賦者。敷陳其事而直言之也。荀卿宋玉始用韻文為賦。後人宗之。遂與詩體異。　國用出於賦稅。取諸商者為稅。取諸民者曰賦。如地丁漕糧是也。

書　平

音舒。所以著文字者曰書。　讀書。　書經。

商居切。古刻字於簡曰書。五代時馮道始鐫之於板。今則鉛板石印。新製益繁矣。　書字也。象形會意轉注指事假借諧聲為六書。真草隸篆為四體書。　信札曰書。今兩君通問。由使臣齎奉者曰國書。

典　上

顛上聲。古帝之書曰典。　古典。　典籍。

多殄切。五帝之書曰五典。從冊在丌上。尊閣之也。　典守也。典簿典史等官。皆以守官為義。

謨　平

音模。謀也。　嘉謨。　謨訓。

莫湖切。慮一事畫一計曰謀。謀之將定未定者曰謨。如大禹謨臯陶謨之類。

訓　去

薰去聲。教誨也。　教訓。　訓導。

吁運切。解釋所言之理曰訓。故解經曰訓詁。　訓導。學中之官。言主訓導學官弟子也。

誥　去

音告。天子之命辭曰誥。　訓誥。　誥命。

居號切。告也。告上曰告。告下曰誥。　今制一品至五品。皆授以誥命。六品至九品。皆授以敕命。

易 去 入

音亦。連山、歸藏、周易為三易。 交易。 易經。 音異。 容易。

夷益切。象蜥易守宮之形。易也。卦爻有交易變易之義。故述卦之書曰易。 以智切。讀去聲。不難曰易。

卦 去

音挂。所以筮者曰卦。 八卦。 卦爻。

古畫切。伏羲氏始畫八卦。八卦者。八方之卦。乾坎艮震巽離坤兌是也。文王衍之為六十四卦。後之筮者用之。

爻 平

音肴。卦畫曰爻。 卦爻。 爻辭。

何交切。象六爻頭交也。 㸚 伏羲畫卦。參伍錯綜而成爻。爻也者。效天下之動者也。

史 上

音使。記事之官曰史。所記之事亦曰史。 經史。 史記。

師止切。史體有三。有斷代之史。如前後漢書、三國志是也。有編年之史。如春秋、資治通鑑是也。有紀事之史。如繹史、通鑑紀事本末是也。

伏羲八卦

文王八卦

譜 上

音補。簿錄羣名曰譜。 譜牒。 家譜。

博古切。譜布也。布列其事也。布列一家之事曰家譜。布列一人之事曰年譜。

銘 平

音冥。稱揚功德曰銘。 盤銘。 銘功。

忙經切。銘體有二。有銘以示警者。如盤銘及座右銘之類。有銘以紀功者。如衞孔悝鼎銘及今人墓誌銘之類。

籍 入

音踖。記事之簿也。 書籍。

前歷切。借也。借此簡書以記政事。故曰籍。記戶口者曰戶籍。書軍令者曰尺籍。 又天子籍田千畝。諸侯籍田百畝。謂之籍者。謂借民力以治之也。

簿 上

音部。會計之籍也。 書簿。 簿籍。

裴古切。計簿也。謂計度支之出入者也。 官名。主簿、典簿。皆主守簿書之職者也。

策 入

音冊。馬鞭曰策。 執策。 簡策。 又簡也。

恥革切。連諸簡而編之為策。長二尺。短者半之。 又定謀曰策。古有策士之名。射策、對策。國家所以試士也。

簡 上

音柬。以竹為牒曰簡。 竹簡。 簡淨。

古限切。單執一札為簡。古制方廣於簡。策又大於方。凡字可一行盡者書於簡。數行則書於方。方所不容。乃書於策。惟簡最畧。故引申為簡畧之簡。

錄 入

音六。謄寫曰錄。 謄錄。 錄取。

龍玉切。書之名目謂之目錄。 又錄用也。

函 平

音含。所以封書曰函。 包函。 函丈。

胡男切。含也。包容之稱。如封書用書函。藏劍用劍函是也。 又甲也。作甲者曰函人。

册 入

音策。簡也。 典冊。 冊封。

恥革切。象五直長短相間冊中有二編之形也。古時以竹為之。 王者於藩屬作冊書以封之謂之冊封。

帖 入

音貼。帛書之標題曰帖。 法帖。 服帖。

他協切。書署也。今所謂帖籤也。以木曰檢。以帛曰帖。引申為試帖碑帖牙帖之帖。又假為妥帖熨帖。

牘 入

音讀。書版也。未書曰槧。既書曰牘。 公牘。 尺牘。

杜谷切。古以木為之。長一尺。故名尺牘。今代之以紙。而奏事仍曰奏牘。公事仍曰公牘。

卷 上 平 去

音眷。可舒卷者曰卷。 書卷。 眷上聲。舒卷之卷。 音權。 卷石。

居倦切。古者一書為一卷。今以一編為一卷。沿古時之稱也。 古轉切。通作捲。 逵員切。通作拳。

碑 平

音陂。鐫文於石而豎之曰碑。 石碑。 碑帖。

逋眉切。古者宮必有碑。所以識日景也。宗廟則以繫牲。後人因於其上追紀君父之功德。 碑所以悲往事也。今立石於隧道者為神道碑。藏於墓中者為墓碑。

集 入

音輯。聚羣曰集。 文集。 集成。

秦入切。象羣鳥在木上也。 引申之凡物所聚皆曰集。故商賈所聚曰市集。著作所聚曰文集。

契 去 入

音栔。兩書相符者曰契。 書契。 契合。 音禼。 稷契。 音乞。 契丹。

去計切。合也。質劑之書券。今曰合同。簿書之最目。今曰總帳。獄訟之要辭。今曰案卷。皆契也。 又先結切。舜五臣之一。商之祖也。 又欺訖切。

柬 上

音簡。俗稱柬曰帖紙。 古柬。 全柬。

賈限切。

圖 平

音徒。手摹心擬皆曰圖。 畫圖。 圖謀。

同都切。河圖為圖之原。始六書象形字。即圖也。後世別有圖學。凡言語所難顯者。必繪圖以明之。如天文地理動植機器等圖是。

箋 平

音湔。所以表明其意者曰箋。信箋。箋注。

則前切。表也。義有隱略。則藉箋以表明之。故上書曰箋。奏注書曰箋注。今假為箋紙之箋。

翰 去　平

音旱。天雞羽也。以羽為筆曰翰。書翰。翰林。音寒。

侯旰切。鳥羽有文采者皆曰翰。今文學侍從之臣曰翰林。謂其文采之多若林也。　河干切。義同。

稟 上

賓上聲。受命曰稟。賦稟。稟帖。

筆錦切。稟廩之本字。倉廩廩祿之廩古皆作稟。　稟有敬之義。凡受賜者必敬。故稟白必曰敬稟。

繪 去

音潰。圖寫物形曰繪。測繪。繪圖。

胡對切。繡之五采相會者曰繪。如日月星辰山龍華蟲作繪是也。後世改為筆繪。今又有繪圖機器。以西法摹圖者多用之。

編 平

音邊。排比書次曰編。簡編。編書。

卑眠切。古用簡以絲札簡而排列之曰編。今改用鋟板纂成卷帙。亦謂之編。

箴 平

音斟。用以治病者曰箴。箴灸。規箴。

諸深切。古者以石為箴。所以刺病。引申為箴規之箴。文人作箴言。以之自警也。

篇 平

音偏。文之成章者為篇。長篇。篇幅。

紕連切。文法積字成句。積句成節。積節成章。謂之一篇。

檢 上　簽

兼上聲。書署曰檢。防檢。檢點。

居奄切。檢之言斂也。藏之而標題之謂之檢。今字作簽。引申之為檢制檢點之檢。

篆 上

音瑑。文之古者有篆文。古篆。篆書。

柱兗切。引書也。謂引筆而書於竹帛也。　倉頡始作古文。周太史籀變為大篆。秦李斯省改之作為小篆。今假為篆刻之篆。

隸 去

音第。篆文之變為隸書。漢隸。隸書。

堂計切。秦程邈增減大篆。去其繁複。名曰隸書。謂可施之於徒隸也。　凡屬役於人者謂之隸。故屬於京師者曰直隸。省屬於行省者曰直隸廳。直隸州。

楷 上

音鍇。可以效法者曰楷。模楷。楷書。

苦駭切。書法篆變為隸。隸變為楷。楷者對草書而言。言方正可法也。今洋文亦有大楷小楷。　楷木名。生孔子冢上。其幹枝疏而不屈。

題 平

音啼。標識於前者曰題。雕題。題辭。

田黎切。說文題額也。引申之凡列於前者皆曰題。如題辭題目題籤等。皆本此意。

筆 入

音必。所以作字者。執筆。筆墨。

壁吉切。筆述也。述事而書之也。始自蒙恬。製以竹。而銳其首。今以羊狼兔雞等穎為之。西國有石筆鉛筆鋼筆。石筆以石為之。鉛筆以炭質為細條。函之以木。鋼筆用鋼製成。一以繪圖。一以作字。

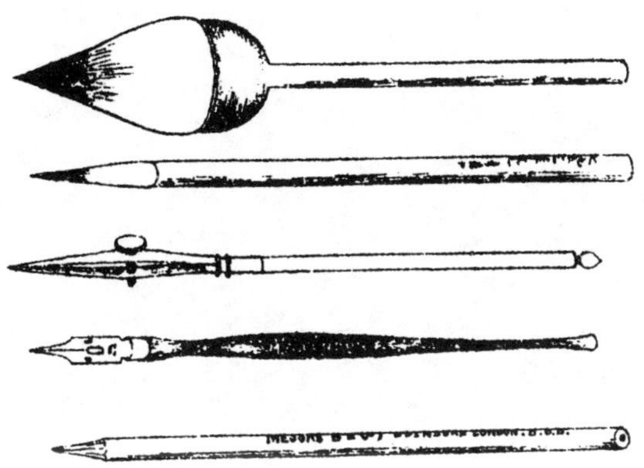

硯 去 研

音覡。所以磨墨者。端硯。硯池。

倪甸切。硯者研也。研墨使和勻也。以石為之。或用古瓦古磚。復有以漆沙製成者。石硯之產於廣東肇慶府者為端硯。安徽歙縣者為歙硯。皆良。

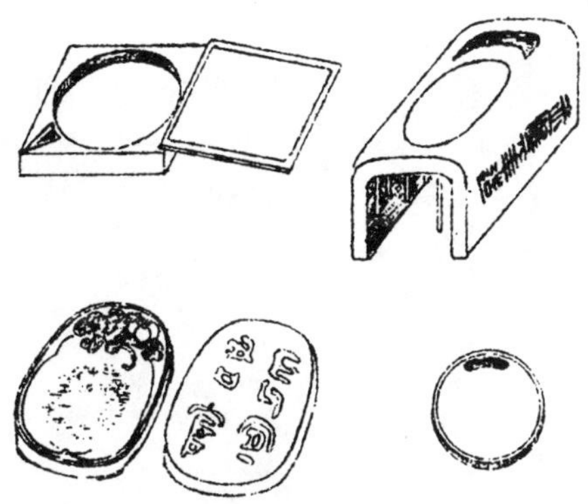

紙 上

音只。用為書契者曰紙。竹紙。紙筆。

諸氏切。造紙昉於漂絮。後漢蔡倫始代以樹皮麻頭及破布魚網。今多以竹為之。西人所用之紙以草為之。亦參用麻布之屬。

詁 上

音古。以經解經曰詁。訓詁。詁經。

公土切。詁者通古今之異言也。今說經謂之訓詁。言取古人之訓而釋之使通也。

著 去 入

音箸。標著。著作。音櫧。土著。音芍。著衣。

陟慮切。凡形之發見者曰著。直畧切。物相切謂之著。陟略切。衣被體謂之著。

歌 平

音柯。曼聲長吟曰歌。唱歌。歌舞。

居何切。歌者柯也。其聲抑揚高下。如草木有柯葉也。古者歌詩以言志。士大夫皆肄習之。今則視為優伶之技。東西各國皆有歌。凡大典禮及尋常燕會多用之。唱歌一科。列於學校。

註 去

音鑄。著明其義曰註。箋註。註釋。

朱戍切。註本作注。猶疏通也。註義於經下。所以疏通其義。猶水之注物也。

課 去

科去聲。計程授學曰課。功課。課試。

苦卧切。

撰 上

饌上聲。屬辭曰撰。杜撰。撰文。

雛産切。撰述也。言述古人之舊以成書也。今官名有翰林院修撰。

寫 上

音瀉。凡作書作畫皆曰寫。摹寫。寫字。

先野切。俗作瀉。瀉者自彼注此之稱。如周禮以澮瀉水是也。又輸也。象也。作書以輸其所欲言。作畫以象其所欲肖。故皆謂之寫。

武

上

音舞。能定禍亂曰武。 文武。 武官。

罔甫切。武以禁暴戢兵，故[illegible]古文止戈為武。 又足迹曰武。

勇

上

音涌。敢為曰勇。 武勇。 勇夫。

尹竦切。有力曰勇。凡隸兵籍，必以力鬭，故謂之兵勇。

功

平

音公。以勞定國曰功。 成功。 功臣。

沽紅切。凡勤於事而有益於世者，皆曰功。周禮國功曰功，王功曰勳，民功曰庸，事功曰勞，治功曰力，戰功曰多。 通作女工之工。喪服有大功、小功，以治布精麤為之別也。

勳

平

音熏。有功於王室曰勳。 勳烈。

許云切。

軍

平

音君。大兵曰軍。 三軍。 軍旅。

拘云切。包車為軍，取圜圍之義。周制五旅為師，五師為軍，凡萬二千五百人。引申之為軍屯、軍容、軍實之軍。 今將兵之官稱將軍、提督，稱軍門；兵卒稱軍士；陸戰之兵稱陸軍；用以海戰者曰海軍。

帥

去

率去聲。軍中之主曰帥。 將帥。 大帥。

入

音蟀。統領之也。 帥兵。

所類切。古作衛。凡師旅之長皆稱帥。今專用為元帥之帥。 朔律切。統率為帥，遵而行之亦為帥。

旅

上

音呂。軍五百人為旅。 軍旅。 旅居。

兩舉切。旅，眾也。周制五卒為旅。謂眾之成列者也。引申之凡旅酬、旅幣、進旅、退旅，皆本此義。 又假借為廬館客之廬，曰旅館。於旅者曰旅人。易有旅卦䷷。

兵

平

丙平聲。執兵以從戎者曰兵。 出兵。 兵卒。

補明切。說文：兵，械也。从廾[illegible]持斤，并力之皃。兵器謂之兵，故持兵殺敵者亦謂之兵。今統兵之官謂之總兵。西國兵制有常備兵、後備兵、豫備兵之分。

卒（猝）

入

尊入聲。兵士之通稱也。 士卒。 卒陳。

入

村入聲。驟也。 倉卒。

臧沒切。周制軍百人為卒。 又大夫死曰卒。凡事之畢皆曰卒。 蒼沒切。卒然，急遽之貌。與猝通。

隊

去

音懟。軍之列陣者曰隊。 軍隊。 隊伍。

杜對切。百人為一隊。統帶一隊之兵官曰隊長。 又凡羣而成列者皆謂之隊。

勝

去

升去聲。敗人曰勝。 得勝。 勝會。

平

音升。能當其事曰勝。 勝任。

詩證切。凡兩物相較，優者曰勝。引申為盛滿之稱，如勝事、勝景皆是。 書蒸切。

捷

入

潛入聲。勝也。 報捷。 捷足。

疾葉切。戰勝曰捷。凡報捷者，其行必疾，故轉為捷足之捷。又轉為捷徑之捷。

克 入

音刻。勝也。不克。克己。

乞得切。勝人曰克。克勝任亦曰克。

討 上

叨上聲。治有罪者曰討。征討。討論。

土晧切。凡聲明其國之罪而伐之。或聲明其人之罪而誅之曰討。討窮究也。故引伸為討論之討。

征 平

証平聲。上伐下曰征。上取於下亦曰征。出征。征稅。

諸成切。征之為言正也。以上伐下。所以明正其罪也。故所征之賦。亦謂之正供。

伐 入

音罰。以兵臨人曰伐。征伐。伐罪。

房越切。伐者。聲其罪以討之也。有功曰伐。自稱其功亦曰伐。

攻 平

音公。破所不易破者曰攻。相攻。攻伐。

古紅切。攻有攻擊之義。如攻城攻瑕是也。又有攻治之義。如攻金攻玉是也。

守 上

音首。所以禦攻者曰守。操守。守職。

始九切。守有保護之意。謂力持之使不失也。設險以守國。督師以守城。皆因人之攻而保護使勿失者。故文職有守令。武職有守備。

侵 平

音駸。潛師伐人曰侵。侵伐。

千尋切。淩也。凡犯人之權限皆曰侵。又假借為祲。歲凶謂之大侵。

戰 去

旃去聲。兩軍相鬬曰戰。交戰。戰爭。

之膳切。凡以力相搏者皆曰戰。戰危事也。故以戰戰為恐懼之貌。

圍 平

音韋。四面環繞曰圍。合圍。圍城。

于非切。古文作口。象回帀之形也。故四面環攻曰圍。又物之圍者周五寸曰圍。周一抱亦曰圍。皆引伸回帀之義。

禦 去

音御。以力相拒曰禦。強禦。禦寇。

魚據切。禦有禁止之意。凡禦兵禦寇云者。皆禁之使不前也。

戍 去

輸去聲。守邊曰戍。謫戍。戍兵。

舂遇切。人荷戈曰戍。令制官員有罪。有發往軍台効力者。謂之謫戍。

救 去

音廐。拯人之危曰救。補救。救兵。

居又切。

犒 去

音靠。賞軍曰犒。犒賞。總犒。

口到切。古者賞軍以牛。故犒从牛。因以為凡賞人之稱。

諜 入

音牒。探測敵情者曰諜。間諜。

達協切。諜。伺也。謂詐為敵國之人。入其軍中。伺候間隙。以反報者也。古曰間諜。今謂之細作。

敵 入

音狄。與人相抵曰敵。所抵之人亦曰敵。仇敵。敵國。

亭歷切。兩國不相讓者曰敵國。兩人不相下者曰敵。讎。引伸之。凡有抵力皆曰敵。

寇 去

音扣。兵自外來曰寇。司寇。寇賊。

邱候切。兵不以義謂之寇。引申之。凡盜賊皆曰寇。故治盜賊之官曰司寇。今刑部尚書稱大司寇。侍郎稱小司寇。沿古制也。

虜 上

音魯。所俘之囚曰虜。囚虜。虜掠。

郎古切。囚也。凡生得敵人者。必以索貫而拘之。故从毌从力。古時南人呼北人曰虜。蓋辱之以囚虜之名也。

獲 入

音畫。得也。擒獲。獲利。

胡麥切。獲田獵所得也。引申之。凡有所得皆曰獲。故得勝曰獲勝。得罪曰獲罪。得利曰獲利。

敗 去

音浿。勝之對也。潰敗。敗事。

薄邁切。凡物破壞謂之敗。故事不成。兵不勝。皆曰敗。

刀 平

到平聲。所以切物者曰刀。倭刀。刀鎗。

都勞切。象刀背與刃也。以鋼或鐵合鋼為之。背厚刃薄。用以切物。武人所佩長二三尺者曰佩刀。又曰腰刀。日本鑄者最利。世稱倭刀。洋鋼之刀。性質較硬。古錢有名刀者。小舟亦稱刀。皆取其形似。

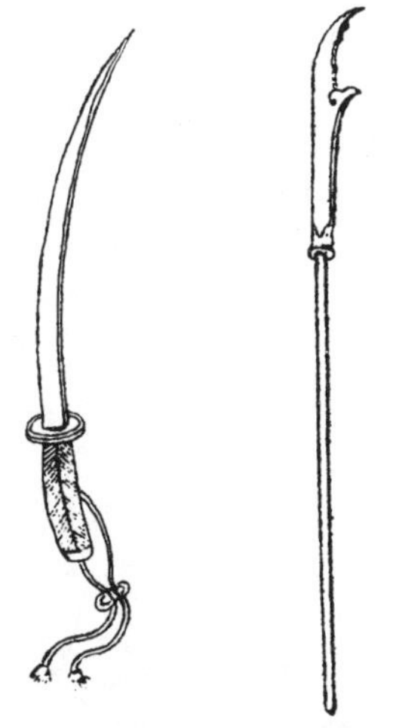

劍 去

檢去聲。似刀而直者曰劍。佩劍。劍術。

居欠切。劍。檢也。所以防檢非常。劍口曰鐔。劍末曰鋒。劍室曰鞘。

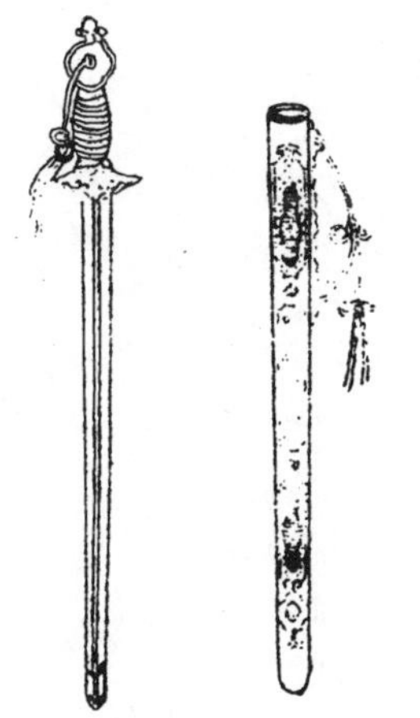

滅 入

音搣。盡也。撲滅。滅國。

莫列切。熄火曰滅。火亡人之國曰滅國。皆有撲之使盡之意。

斧
上

音甫。所以斫物者曰斧。斧斤。刀斧。

匪父切。斧柄短而身厚。形如方鑿。利於伐木樵采之用。古有以為軍器者。

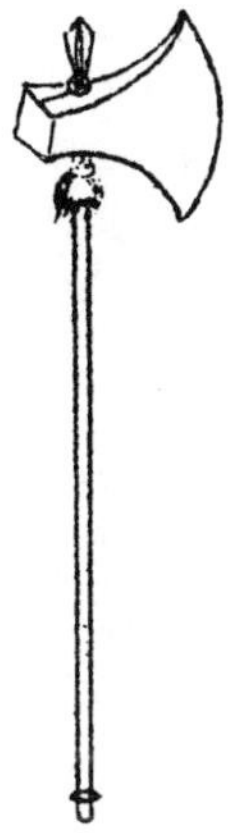

鉞
入

音越。大斧也。黃鉞。斧鉞。

王伐切。古者命將。必杖黃鉞。以示威武。以金為之。杖而不用。明神武不殺也。今以為儀仗之用。斧之背方。鉞之背圓。

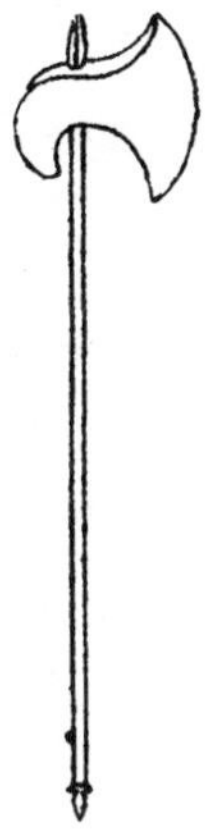

戈
平

音鍋。戟之單枝者為戈。干戈。戈矛。

古禾切。

戟
入

音棘。戈之雙枝者曰戟。矛戟。

訖逆切。格也。旁有支格也。手所持擿之戟曰手戟。

矛
平

音謀。可以陷盾者曰矛。蛇矛。矛戟。

迷浮切。象形。矛制一隅而作鉤形。古者建之兵車。酋矛長二丈。夷矛長二丈四尺。厹矛三隅。

鋒
平

音丰。芒刃曰鋒。先鋒。鋒鋩。

敷容切。刀矢之刃。及矛矢之末。皆謂之鋒。因謂凡物之末為鋒。行軍稱前隊為先鋒。亦取鋒銳之義。

刃
去

忍去聲。刀之鋒也。鋒刃。

而振切。刃以刃為用。刃不能離刀以為體。刀字有柄有脊有刃矣。故以指點其所謂刃在是而已。

弓 平

音宮。所以發矢者曰弓。 彎弓。 弓矢。

弓 居中切。象形。弓以竹木為幹。傅以角筋。繫絃於幹之兩端。張之可以發矢及遠。 量地之器曰步弓。營造尺六尺為一弓。三百弓為一里。

弩 上

怒上聲。弓之有柄者。 弓弩。 弩箭。

暖五切。黃帝作弩。弩怒也。言其聲勢如怒也。

弧 平

音狐。木弓也。為弓之別名。 張弧。 弧矢。

洪孤切。古者作弓。其幹有柘檍檿桑橘木瓜荆竹各種。弧係木瓜類之幹。故字从瓜。蓋弓之專用木而不傅以角者也。 算術中於全周所割之一分。謂之弧線。言形。如弓背也。用以推步曰弧三角。

彀 去

音遘。持滿而發曰彀。 入彀。 彀率。

居候切。彀張弓也。凡射必張弓使開而後發。之力愈足則彀愈滿。引申為滿足之稱。

矢 上

尸上聲。傅於弓而發者曰矢。 弓矢。 矢人。

矢 式視切。象鏑栝羽之形。自關而東謂箭為矢。以竹木為幹。以金為鏑。歧其端以居弦曰栝。以羽毛傅之。使能遠飛曰羽。 矢形直。古人設誓曰矢。以自明其直也。 人物之糞亦為矢。

箭 去

音餞。矢也。 竹箭。 箭衣。

子賤切。關西謂矢為箭。取前進之意。 今開氣袍。 國初用為習射之服。故謂之箭衣。

營 平

音塋。四圍壘土曰營。 又經度也。 營衛。 紮營。

維傾切。取象於環。凡匠人營國。軍人營壘。必度其四周以資環衛。引申之為經營營造之營。

壘 上

音儡。營軍之壁曰壘。

力軌切。軍壘也。

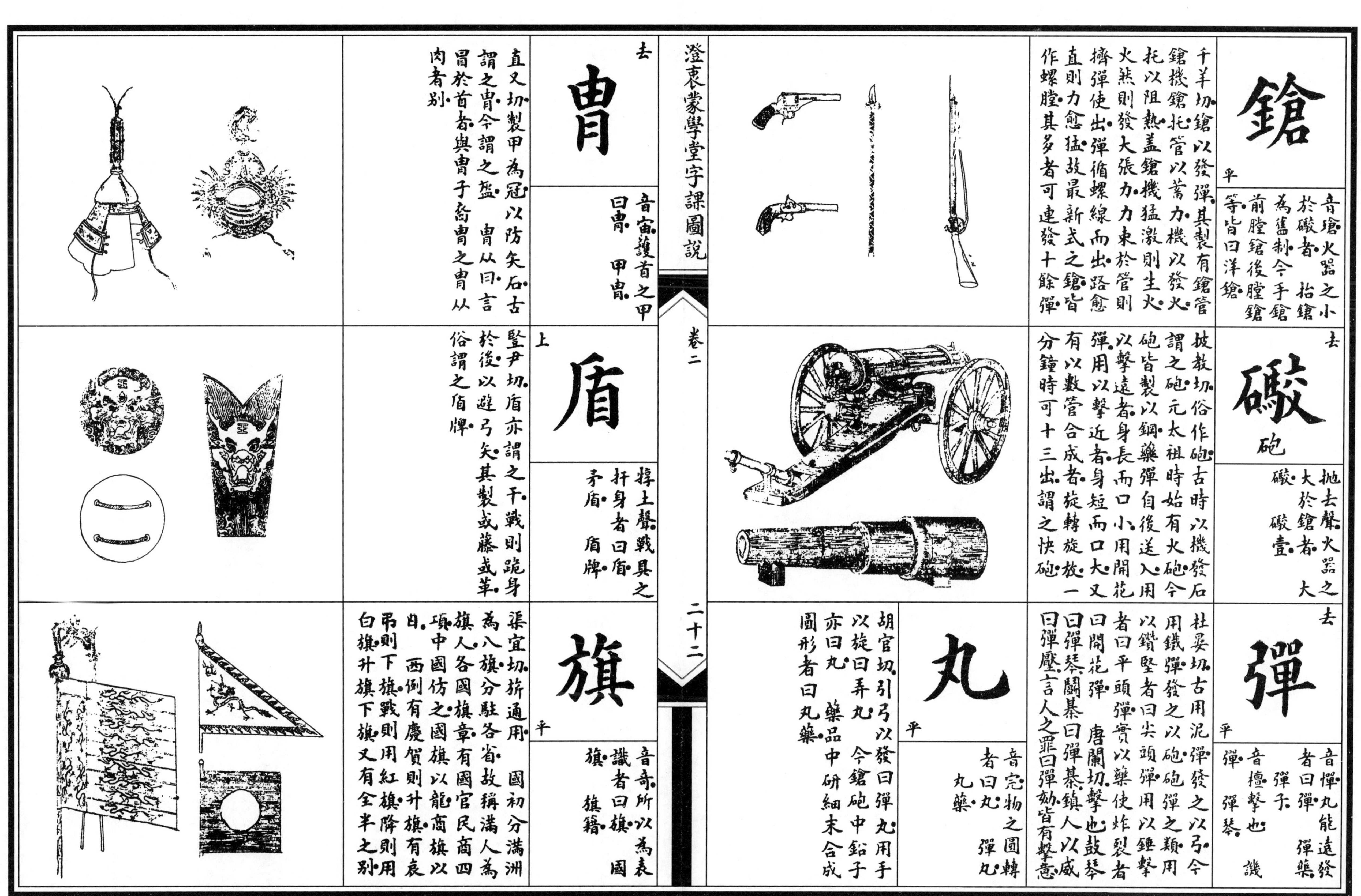

鎗 平

音瑲　火器之小於礮者　抬鎗　為舊制　今手鎗　前膛鎗　後膛鎗等　皆曰洋鎗

千羊切　鎗以發彈　其製有鎗管　鎗機　鎗托　管以蓄力　機以發火　托以阻熱　蓋鎗機猛激則生火　火熱則發大張力　力束於管　則擠彈使出　彈循螺線而出　路愈直則力愈猛　故最新式之鎗　皆作螺膛　其多者可連發十餘彈

礮 去　砲

抛去聲　火器之大於鎗者　大礮　礮臺

披教切　俗作砲　古時以機發石　謂之砲　元太祖時始有火砲　今砲皆製以鋼　藥彈自後送入　用以擊遠者　身長而口小　用開花彈　用以擊近者　身短而口大　又有以數管合成者　旋轉旋放　一分鐘時可十三出　謂之快砲

彈 平　去

音憚　丸能遠發者曰彈　彈藥　彈子　音檀　擊也　譏彈　彈琴

杜晏切　古用泥彈　發之以弓　今用鐵彈　發之以砲　砲彈之類　用以鑽堅者曰尖頭彈　用以錘擊者曰平頭彈　實以藥使炸裂者曰開花彈　唐闌切　擊也　鼓琴曰彈琴　關棊曰彈棊　鎮人以威曰彈壓　言人之罪曰彈劾　皆有擊意

丸 平

音完　物之圓轉者曰丸　彈丸　丸藥

胡官切　引弓以發曰彈丸　用手以旋曰弄丸　今鎗砲中鉛子亦曰丸　藥品中研細末合成圓形者曰丸藥

胄 去

音宙　護首之甲曰胄　甲胄

直又切　製甲為冠　以防矢石　古謂之胄　今謂之盔　胄从冃　言冒於首者　與胄子裔胄之胄从肉者別

盾 上

犉上聲　戰具之扞身者曰盾　矛盾　盾牌

豎尹切　盾亦謂之干　戰則跪身於後　以避弓矢　其製或藤或革　俗謂之盾牌

旗 平

音奇　所以為表識者曰旗　國旗　旗籍

渠宜切　旂通用　國初分滿洲為八旗　分駐各省　故稱滿人為旗人　各國旗章　有國官民商四項　中國仿之　國旗以龍　商旗以日　西例有慶賀則升旗　有哀弔則下旗　戰則用紅旗　降則用白旗　升旗下旗　又有全半之別

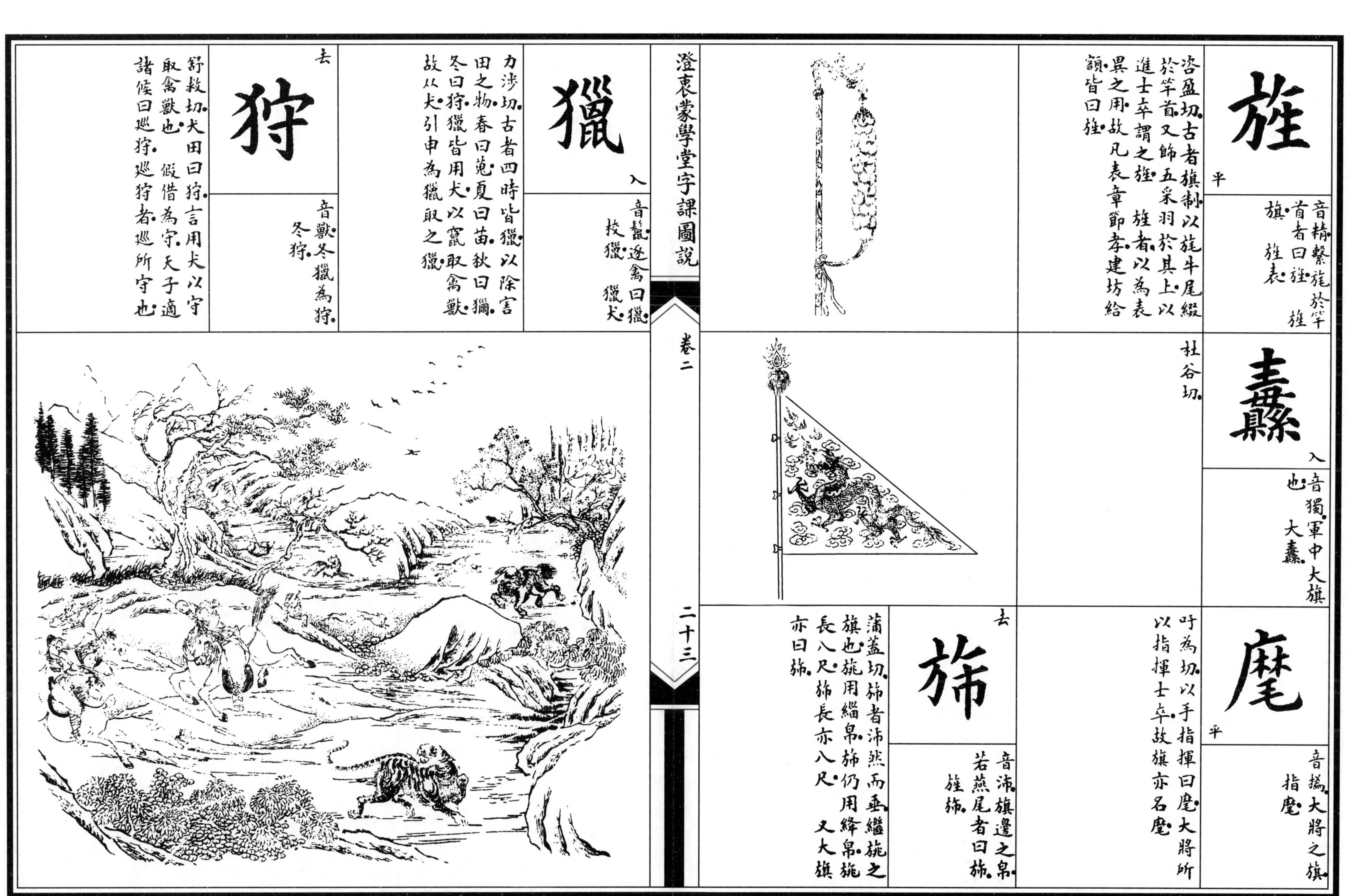

旌 平

音精。繫旄於竿首者曰旌。 旌旗。 旌表。

咨盈切。古者旗制。以旄牛尾綴於竿首。又飾五采羽於其上。以進士卒謂之旌。 旌者。以為表異之用。故凡表章節孝。建坊給額。皆曰旌。

纛 入

音獨。軍中大旗也。 大纛。

杜谷切。

麾 平

音撝。大將之旗。 指麾。

吁為切。以手指揮曰麾。大將所以指揮士卒。故旗亦名麾。

旆 去

音沛。旗邊之帛。若燕尾者曰旆。 旌旆。

蒲蓋切。旆者沛然而垂。繼旐之旗也。旐用緇帛。旆仍用絳帛。旐長八尺。旆長亦八尺。 又大旗亦曰旆。

獵 入

音鬣。逐禽曰獵。 校獵。 獵犬。

力涉切。古者四時皆獵。以除害田之物。春曰蒐。夏曰苗。秋曰獮。冬曰狩。獵皆用犬。以竄取禽獸。故从犬。引申為獵取之獵。

狩 去

音獸。冬獵為狩。 冬狩。

舒救切。犬田曰狩。言用犬以守取禽獸也。 假借為守。天子適諸侯曰巡狩。 巡狩者。巡所守也。

姓

去

音性。所以別族類者曰姓。百姓。姓名。

息正切。生民之初，榛狉無紀，族類漸繁，始別以姓，此立姓之原也。神農母居姜水，黃帝母居姬水，舜母居姚虛，因以為姓。故說文：姓，人所生也。从女生，會意。

氏

上

音是。姓之支分派別者曰氏。姓氏。氏族。

上紙切。艸之始曰屮，木之始曰氏，故氏本訓為木本，後取水源木本之義，轉注為姓氏之氏。按統系百世曰姓，別子孫所自出曰氏。或氏其國，或氏其諡，或氏其官，或氏其事，類皆正姓之支分派別者。

唐

平

音堂。古國名。子孫以為氏。荒唐。唐朝。

徒郎切。唐，大言也。堯以道德至大，有天下，因號曰唐。其裔封於唐，周成王滅之，以封弟叔虞，子孫因以為氏。

虞

平

音愚。舜有天下之號。唐虞。

元俱切。騶虞，仁獸也。引申之，司獸之官曰虞。假借為娛，亦訓為度。又舜氏也。其後禹封商均之子於虞城，子孫因以為氏。

商

平

音觴。行貨曰商。又湯有天下之號。通商。商酌。

式陽切。商者，由外以度其內也。凡揆度有無以通四方之物者，為行商。今泰西重商務，國家既立商部，民間亦設有公司，故所闢埠頭遍於各島。又代名。契始封商，湯因以為有天下之號。

殷

平

音慇。商號。中更曰殷。殷商。音黫。赤黑色。

於斤切。殷，作樂之盛稱，引申為凡盛之偁。又地名。盤庚遷於殷，改商為殷。其後分封以國為氏。於閑切。

周

平

音州。商時侯國。武王因以為有天下之號。周到。周旋。

職留切。周从用口，會意。善用其口則密，密則無不周。又代名。武王有天下之號也。六朝有宇文周，五代有郭周，均稱後周。

隋

平

音隨。六朝時國號。音惰。裂肉也。

旬為切。春秋時有隨國，後楊堅受封於隨，及有天下，去辵作隋。字書：隋本讀徒果切，訓尸所祭之餘肉也。

魯

上

音虜。鈍也。又國名。東魯。魯鈍。

郎古切。遲鈍曰魯。周成王以少昊之墟封周公子伯禽為魯侯，其後以國為氏。

衛

去

音慧。禦侮曰衛。護衛。又國名。衛國。

于歲切。防捍曰衛，所防之地亦曰衛。古以捍禦王宮為宿衛，今亦有侍衛之官。周以畿內地封康叔為衛侯，因以為氏。

陳

去 同陣 平

音塵。布設也。又舜胄受封之國。陳設。音陣。軍伍行列曰陳。戰陳。

直珍切。事物羅列曰陳。古者陳塵相通，居久則生塵，故又訓新陳之陳。周武王封舜胄媯滿於陳，子孫以國為氏。又六朝時代名。直忍切，同陣。

蔡

去 入

音縩。草芥也。又國名。周文王子叔度始受封。音薩。

倉大切。本訓散亂之草。又地名。國君守龜出蔡地，故元龜曰蔡。又周封叔度於上蔡，叔沒，成王復封其子蔡仲，後因以為氏。桑割切，訓放也，本作𥻨。

滕 平 騰

音騰 水超涌也 又國名

徒登切 从水朕聲 通作騰 如詩百川沸騰 是引申為張口騁辭兒 如易騰口說也 是 滕國 周文王子叔繡之後 子孫以為氏

薛 入

音洩 艸也 又國名

私列切 高燥生薛 薛藾蒿也 又黃帝之後奚仲封於薛 後有薛姓 以國為氏

宋 去

音送 居也 又國名 宋國 呂宋

蘇統切 宋从宀 从木 以木成室居人也 周成王封微子啟為宋公 其後以國為氏 今歐羅巴洲有大呂宋 亞細亞洲有小呂宋

鄭 去

音鄭 國名 鄭重 鄭國

直正切 周宣王以西都畿內地封其弟友 是為鄭桓公 至戰國時滅於韓 子孫因以為氏 又鄭重也 猶言頻煩也

趙 上

音肇 趨走也 又國名 歸趙 趙國

治小切 趙趨 趨也 有超騰之意 周穆王賜造父以趙城 因為趙氏 史記藺相如完璧歸趙 故凡以物返人 俗曰歸趙

魏 去

音僞 高大之貌 象魏 魏國

魚貴切 魏 高也 故闕門高崇曰魏闕 懸治象之法於闕 曰象魏 又姬姓之國 其地本舜禹故都 後晉滅之 以邑為氏

鄧 去

音蹬 曼姓之國

唐亘切 殷武丁封叔父於河北 為鄧侯 後因氏焉

鄒 平

音騶 古邾婁國

側鳩切 帝顓頊之後 封於邾婁 戰國時穆公改曰鄒 鄒 邾婁之合音也

堯 平

音僥 唐帝名 唐堯

吾聊切 堯猶嶢 嶢 至高之貌 堯之聖德至高 故臣民以堯稱之

舜 去

音蕣 虞帝名 帝舜

舒閏切 舜 說文艸也 楚謂之葍 秦謂之藑 又虞帝之名曰舜 舜者准也 循也 言其准行道德 循堯緒也

禹 上

音羽 蟲也 夏王文命以為名 大禹 禹王廟

王矩切

湯 平

音鏜 熱水曰湯 又商王名 湯水 商湯

土郎切 冷曰水 熱曰湯 古者諸侯朝天子 有湯沐邑 商湯 子姓 契之後也

姬 平

音基。黃帝居姬水。以為氏。姬姜。姬妾。

居之切。武王克商。封兄弟之國十有五。姬姓之國四十。又婦人美稱曰姬。眾妾統稱亦曰姬。

閔 上

音敏。憐卹之意。又姓也。閔子。憂閔。

眉隕切。說文。閔弔者在門也。引伸為凡痛惜之辭。又姓。孔子弟子閔損。又閔馬父見左傳。

孔 上

空上聲。中通曰孔。又孔子。古之大聖人。孔聖。鼻孔。

康董切。孔通也。空也。凡空虛能容者皆曰孔。又訓甚也。宋孔父嘉遭華督之難。其子奔魯。後世以字為氏。六世而生孔子。

孟 去

音夢。長也。又姓。孟仲。孟子。優孟。盂去聲。

莫更切。古以嫡長為伯。庶長為孟。魯仲孫氏為三桓之長。故亦曰孟孫氏。此孟姓之始。戰國時有孟子。鄒人也。莫浪切。孟浪。言不精要也。

冉 上

音染。本作冄。姓也。冉子。

而琰切。毛冄冄也。柔弱下垂之貌。冄垂之貌。篆字取下垂意。姌字取柔弱意。皆由此義引伸。又姓。按弟子傳。冄耕。冉雍。冄求。冄孺。冉季。皆魯人。

軻 上 平

音珂。椄軸車也。又孟子名。音可。

苦何切。軻說文訓椄軸車也。接者續木也。軸所以持輪。而兩木相接則危矣。故引申為轗軻之軻。或曰孟子居貧轗軻。故名軻。字子居。一說字子輿。枯我切。義同。

陶 平

音桃。兩丘重累曰陶丘。陶冶。陶唐。音搖。

徒刀切。邱再成為陶。成猶重也。重邱如累盂。又如陶竈然。故轉為陶冶之陶。或謂堯始居陶丘。後為唐侯。故曰陶唐。其後以為氏。一說虞思為周陶正。因氏焉。餘昭切。皋陶。臣名。陶陶。和樂皃。

劉 平

音留。殺也。又姓。公劉。劉備。

力求切。本作鐂。从金刀。會意。故訓殺。刀字屈曲。傳寫誤作田。故亦作鐂。又姓。凡二十五望族。並自陶唐氏劉累之後。

姜 平

音疆。神農氏居姜水。以為姓。姜尚。姜女。

居良切。

范 上

音犯。草也。又姓。范文正公。

房咲切。范本訓草。亦訓蜂。夆氾一聲之轉也。字亦作蠭。又借作笵。竹器之模。地名。晉大夫士會之邑。後以邑為氏。與士氏隨氏同族。皆堯裔也。

姒 上

音似。長婦為姒。又姓。娣姒。太姒。

詳里切。女子同出。先生為姒。故稚婦謂長婦為姒婦。一說兄弟之妻相謂皆曰姒。禹母修己吞薏苡而生禹。因姓姒氏。

蔣 上

音槳。菰也。又國名。

即兩切。蔣。菰蔣也。其米曰雕胡。周公第三子伯齡封於蔣。後因氏焉。

潘

平

音拌。淅米水曰潘。又姓。潘安。

普官切。字亦作藩。左傳楚有潘崇。楚之公族也。晉有潘父。疑即詩番維司徒之番。其裔自周往也。

馮

平

音憑。馬行疾曰馮。音逢。姓也。馮婦。

皮冰切。馮本訓馬行疾也。引申之。甚怒莫遏曰馮。怒恃強犯弱曰馮陵。又引申之。有恃無恐亦曰馮。故徒涉曰馮河。又馮夷。水神也。房戎切。春秋時馮簡子本姬姓。以國為氏。

阮

上

音邧。古國名。賢阮。

虞遠切。殷時有阮國。文王伐之。其國在岐渭之間。子孫因以為氏。晉阮籍與兄子咸為竹林之遊。時人稱為大阮小阮。今稱姪曰阮本此。

龔

平

音恭。給也。又姓。龔遂。

俱容切。與供畧同。經傳皆作共。春秋時有晉大夫龔堅。又有左行共華。疑皆龔工氏之裔。以官為氏。

胡

平

音瑚。頷肉下垂曰胡。又姓。羌胡。胡蝶。

戶孤切。胡。牛頷垂也。引申之。頸下垂肉皆曰胡。故掩口而笑曰胡盧。言聲在喉間也。胡與侯音轉最近。故經傳胡侯皆訓何。春秋有胡國。楚滅之。其後以為氏。或云胡公滿封於陳。其後亦為胡氏。又漢稱匈奴曰胡人。

彭

平

音棚。姓也。彭祖之後。老彭。彭祖。榜平聲。重言形況字。

薄庚切。陸終氏子彭祖建國於大彭。後即以國為氏。禹貢彭蠡。即鄱陽湖。在江西南昌饒州南康九江四府之間。又必旁切。彭彭。鼓聲也。鼓以作氣。有壯盛之意。詩出車彭彭。四牡彭彭。行人彭彭。皆本此。

俞

平

音臾。以中空木為舟曰俞。又語詞。俞伯牙。

俞羊朱切。从舟从亼从巜會意。巜。水也。古者不知舟。見木之中空者浮行水上。因悟而為舟。又背脊曰俞。亦空中之義。堯典帝曰俞。內則男唯女俞。皆應辭。又姓也。

袁

平

音園。姓也。陳胡公之裔。袁安。

羽元切。袁本訓長衣皃。今祇謂為姓。而本義廢矣。字本作轅。亦與爰通。按嬀姓陳胡公裔名諸。字伯爰。孫濤塗以王父字為氏。漢有轅固爰盎。皆即袁氏也。

豳

平　邠

音彬。國名。豳邠。豳風。

府巾切。本作邠。周大王自邰出徙戎狄之地。因立國焉。

董

上

音懂。艸也。又姓。紳董。董事。

多動切。草之似蒲而細者。一說藕根也。又訓為正。故董正其事者俗曰董事。董氏出自姬姓。黃帝裔孫有飂叔安生董父。舜賜姓為董。

桀

入

音傑。古有暴君曰夏桀。桀紂。

巨列切。桀。磔也。古稱桀黠者。言其凶暴若磔也。夏王履癸凶暴。故號曰夏桀。引申之。人之超越尋常者亦曰桀。故亦叚為傑字。

紂

上

音籀。商暴君名也。紂王。

丈九切。紂本訓馬緧也。商受暴虐天下。謂之紂。言其殘忍損義也。

皇

平

音黃。王之大者為皇。皇帝。三皇。

胡光切。大君也。从自从王。自，始也。故始有天下者稱皇。堯舜稱帝。夏商周稱王。秦并以為號。漢以下因之。后曰皇后。太子曰皇太子。又引申為皇考、皇妣、皇辟之皇。亦大之義也。

帝

去

音諦。大君之號也。五帝。上帝。

都計切。帝者，王天下之號。上古天子稱皇，其次稱帝，又其次稱王。自秦漢以後，通稱為皇帝。

王

去 平

音徨。衆所歸往者曰王。國王。封王。徨去聲。據其身臨天下曰王。

雨芳切。有天下之號也。秦漢以下，天子同姓子弟皆爵為王。異姓有功者亦爵為王。轉注為王父、王母之王。王父、王母即祖父、祖母也。又於放切。王天下也。

君

平

音軍。能羣民者曰君。君主。國君。

拘云切。君，羣也，尊也。民之主曰君。謂其為羣下所尊也。引申之，家之主曰嚴君。子孫稱其先世曰先君。婦稱夫曰夫君。士之有德者為君子。皆有尊敬之義。又古人相與語，多自稱曰臣，稱人曰君。今不稱臣，猶沿稱君之例。

辟

入

音璧。能出威法者曰辟。辟公。百辟。音僻。懲其罪也。大辟。

辟必益切。法也。从卩从辛。辠字亦从辛。卩謂節制其罪也。从口。用法者也。故天子諸侯通稱為辟。轉注為形辟、邪辟、辟除之辟。讀匹亦切。

后

去 上

音後。君之配曰后。后帝。皇后。音候。義同。

胡口切。君也。引申為后土之后。更申之，帝之嫡妃曰皇后。帝之母曰皇太后。帝之祖母曰太皇太后。又假借為然后、而后之后。又胡茂切。

妃

平

音霏。亞於后者曰妃。嬪妃。湘妃竹。

芳非切。匹也。本音配，為配偶之通稱。天子之配曰妃，故曰后妃。后，君也。今以后稱天子之配，而妃則為后之次者。又太子適妻亦曰妃。

臣

平

音辰。能事人者曰臣。臣子。忠臣。

臣植隣切。堅也。象屈服之形。故凡屈服於人而無貳心者，皆謂之臣。引申為廷臣、家臣之臣。轉注為臣服之臣。又古人相與語，多自稱臣，亦自卑之意。

祖

上

音組。統宗曰祖。祖廟。上祖。

則古切。祖者，始也，己所從始也。專言之，父之父曰祖。泛言之，父之父以上皆曰祖。禮別子為祖，繼別為宗。梁益之間謂鼻為初，故稱始祖為鼻祖。轉注為祖法之祖，猶言本其法也。

宗

平

音㚇。同祖者曰宗。宗祠。祖宗。

作冬切。宗，祖也，己所本也。其最先者曰祖，其次曰宗。今通稱為祖宗。禮別子為祖，繼別為宗，繼禰為小宗。大宗一，始祖後也。小宗四，高、曾、祖、父後也。引申為宗族、宗廟之宗。轉注為凡人所歸往曰宗。

族

入

音鑿。同類所屬謂之族。宗族。族長。

昨木切。矢鏃也。矢五十為一束。假借為族類之族。同姓九族，高祖至元孫是也。異姓九族者，父族四：五服內一，姑母家一，姊妹家一，女壻家一是也。母族三：母家一，外祖母家一，姨家一是也。妻族二：妻家一，妻母家一是也。

曾

平

音層。已經之詞。曾經。勿曾。音增。長三世或下三世皆曰曾。曾祖。曾孫。

昨稜切。經也。如曾經滄海之曾是。其詞之舒者，義同乃字，如曾不崇朝之曾是。又作滕切。增也。王父之考為曾祖，孫之子為曾孫，亦取遞增之義也。

儲 平

音除。以有餘備不足曰儲。　儲貳。　儲蓄。

直魚切。待也。謂蓄積之以待其無也。故稱倉廩所積曰倉儲。太子之立。將有待也。故亦曰儲君。

嗣 去

音飼。能纘父業者曰嗣。　後嗣。　嗣後。

祥吏切。繼也。繼君者曰嗣君。繼父者曰嗣子。又轉注為嗣後之嗣。

系 去

音繫。統緒相承曰系。　世系。

胡計切。系繫也。謂連繫不絕也。故譜牒中支派相承者曰世系。

裔 去

音曳。人之子孫曰後裔。　裔孫。　賢裔。

以制切。末邊也。引申為衣裾之裔。再申為四裔之裔。轉注為後裔之裔。

男 平

音南。女之對為男。　男兒。　男女。

那含切。丈夫也。从田从力。謂其用力於田。而資以成功也。轉注為男爵之男。猶言能任王事以化民也。其等五。其地方五十里。與子同位。

女 去 上

茹上聲。男之對為女。　閨女。　女兒。　茹去聲。與之女也。

尼呂切。專言之。己所生女曰女。泛言之。則婦人之通稱也。又處子曰女。適人曰婦。女如也。謂其少如父教。嫁如夫命。老如子言也。又城上垣曰女牆。言卑小比之於城。如女子之於丈夫也。又以女妻人曰女。讀尼據切。

考 上

音拷。殁父曰考。　主考。　顯考。

苦浩切。老也。轉注為有子孫者之通稱。故生為父。死為考。又借為攷覈之攷。如鼓考之考。考績之考。即有覈義。攷敂也。經傳皆以考為之。

妣 上

音比。殁母曰妣。　顯妣。　祖妣。

卑履切。妣比也。比於父也。故生曰母。死曰妣。古者通以考妣為生存之稱。今則以為死後之稱矣。

父 上

音輔。養我者曰父。　父親。　父老。　音府。

奉甫切。父甫也。榘也。始生己者有榘可法也。生曰父。死曰考。父之考為王父。父之兄為世父。弟為叔父。父之從昆弟為族父。轉注為長老之稱。又為男子之美號。讀如甫。切如古之仲父尚父。今天主教內之神父是。

母 上

音某。生我者曰母。　母親。　伯母。

莫厚切。牧也。慕也。言牧養諸子。而諸子慕之也。由父母之母引申之。保之者曰保母。傅之者曰傅母。乳之者曰乳母。推之禽獸之牝者亦曰母。轉注以本權息。息為子。本為母。

伯 去 入

音百。世父曰伯。　伯父。　方伯。　音灞。　五伯。

博陌切。長也。子最長迫近父也。引申之。父之兄曰伯父。己之兄曰伯兄。九州之長曰九伯。又爵第三等亦曰伯。周時陝以東周公主之。陝以西召公主之。是為二伯。　又必駕切。霸也。五霸亦稱五伯。謂其雄長一時也。

叔 入

音菽。季父為叔。　表叔。　叔父。

式竹切。拾也。汝南謂收芋為叔。借為少長之義。故稱父之弟曰叔父。父之弟妻曰叔母。又婦呼夫弟為小叔。從子稱也。引申為叔季世之叔。

嬸 上

音審。季父之妻為嬸。　嬸母。

式荏切。審也。有傕校比覈之意。俗呼叔母曰嬸。又呼夫之弟婦亦曰嬸。言比之於母則疏，比之於姒則卑也。

舅 上

音臼。謂我甥者。吾謂之舅。　娘舅。　外舅。

其久切。親如父而非父者舅也。故母之兄弟為舅。婦稱夫之父曰君舅。夫稱妻之父曰外舅。今俗稱妻之兄弟亦曰舅。蓋從子稱也。

姑 平

音孤。親如母而非母者姑也。　尼姑。　姑娘。

古胡切。父之姊妹為姑。夫之母亦稱為姑。又婦稱夫之姊妹曰小姑。從子稱也。假借為𠄎。如姑息、姑且之姑是。

爺 平

音耶。僕呼主為爺。　老爺。　少爺。

以遮切。發聲之詞。乳子始能言則呼爺。故以爺為呼父之稱。今引申為卑稱尊、賤稱貴之號。

娘 平　孃

音穰。吳人呼母為娘。　爺娘。　奶娘。

宜良切。少女之號。又與孃通。今吳俗稱父曰爺。母曰孃。小說家呼母后為孃孃。

婆 平

音皤。俗呼老婦為婆。　老太婆。　阿婆。

薄波切。老女也。方俗稱舅姑為公婆。廣西猺俗男子老者一寨呼之為婆。其老婦則呼之為公。轉注為婆心之婆。假借為婆娑之婆。

嫗 去 上

音饇。今稱婆者古稱為嫗。　老嫗。　音傴。　煦嫗。

衣句切。老婦之通稱也。引申為煦嫗之嫗。讀於語切。

昆 平　崑

音崐。兄之親者為昆。　昆弟。　昆蟲。

古渾切。與晜通。兄也。同姓大功以上曰昆弟。小功以下同異姓皆曰兄弟。又借為䖵。䖵明蟲也。溫生寒死之蟲皆得以名之。又崑崙亦作昆侖。

弟 上 去　悌

第上聲。從兄曰弟。　兄弟。　弟婦。　第去聲。盡弟之道也。

待禮切。韋束之次第也。引申為等弟。門弟之弟。俗作第。又申為男子後生者之稱。大功以上為昆弟。小功以下為兄弟。轉注為門弟子之弟。叚借為孝弟之弟。讀特計切。

兄 平

虩平聲。輩均年長曰兄。　兄長。　表兄。　仁兄。

許榮切。況也。況於父也。引申之男子先生者為兄。凡同姓大功以上皆曰昆弟。小功以下同異姓皆曰兄弟。今統稱為兄弟。從方俗之言也。

夫 平

音膚。對婦曰夫。　夫妻。　老夫。　大夫。　音扶。發語結句之詞。

風扶切。泛言之為男子既冠之總稱。專言之為妻稱男子之詞。夫者扶也。扶人以道也。夫子、丈夫、夫人、大夫皆有扶義。　又馮無切。大抵用於句首者為指示。用於句中者同于字。用於句末者同乎字。

婦 上

音阜。女子已嫁曰婦。　婦人。　寡婦。

房九切。服也。从女从帚。謂服於家事以備灑埽也。引申為夫婦之婦。子之妻長者為嫡婦。衆婦為庶婦。古者后宮官為世婦。今婦人受誥命者為命婦。

哥 平

音舸。呼兄之號也。阿哥。哥老會。

古俄切。發聲之語。如可而平。今以為稱兄之詞。國朝稱皇子為阿哥。

嫂 上

音埽。兄妻曰嫂。兄嫂。表嫂。

蘇老切。嫂叜也。呼兄之妻為嫂。以其迫近母而尊嚴之也。

妻 平 去

音淒。與夫齊者為妻。夫妻。妻子。音砌。以女為人妻曰妻。

七稽切。齊也。與夫齊者也。凡據妻言之皆曰婦。繫夫言之皆曰妻。又妻之亦曰妻。讀七計切。

妾 入

音踥。小妻曰妾。禮奔則為妾。妻妾。

七接切。接也。有辠女子給事之得接於君者曰妾。人尊稱之曰如夫人。今以聘而納之為妻。未聘而納之為妾。又婦人自稱曰妾。亦自卑之意也。

姊 上（姉 姐）

音止。女兄曰姊。姊妹。阿姊。

蔣兕切。女子先生為姊。後生為妹。北齊太子稱生母為姊。至宋則呼嫡母為大姊。今無論男女皆稱女子先生者為姊。又通作姐。今滬俗稱傭女為大姐。

妹 去

音昧。女弟曰妹。姊妹。表妹。

莫佩切。女子先生為姊。後生為妹。

姨 平

音夷。俗呼從母為姨。姨娘。小姨。

以脂切。妻之姊妹同出為姨。母之姊妹。據父言之則為姨。據子言之當為從母。而仍呼為姨者。效父稱也。今滬俗呼傭婦為娘姨。

娣 上 去

音第。女弟也。音弟。弟之妻也。

特計切。古之嫁女者以姪娣從。自適而下則謂之娣。待禮切。娣姒。妯娌也。凡之妻曰姒婦。弟之妻曰娣婦。

媳 入

音息。子婦曰媳。婆媳。新媳婦。

思積切。媳息也。言能生息以續子嗣也。故引申為子之妻曰兒媳。從子之妻曰姪媳。弟之妻曰弟媳。今北俗自稱其妻曰媳婦。

姪 入

音垤。昆弟之子女也。姪男。姪女。

徒結切。女子稱昆弟之子女為姪。古受姪稱者男女皆可通。而稱人姪者必婦人也。男子稱昆弟之子曰從子。亦曰猶子。今統謂之姪。

甥 平

音生。謂我舅者吾謂之甥。外甥。姨甥。

所更切。親如子而非子者甥也。故姊妹之子女為甥。女之夫亦曰甥。爾雅釋親。姑之子為甥。舅之子為甥。妻之昆弟為甥。姊妹之夫為甥。則甥又為敵體相呼之稱。是必一地之方言也。

壻 去（婿）

音細。女之夫也。女壻。夫壻。

蘇計切。夫也。从士胥聲。詩士曰昧旦。士者。夫也。引申之女之夫曰壻。妻謂其夫曰夫壻。江東呼同門為僚壻。兩壻相稱為亞壻。家貧出贅妻家曰贅壻。

孥
平

音奴。子屬於父曰孥。妻孥。

乃都切。通作帑。帑為藏金之囊。囊之系於人。猶子之繫於父也。故引申為妻孥之孥。

孽
孼 入

音闑。庶出為孽。孽子。孽臣。

魚列切。妾隸之子曰孽。孽者。櫱也。有罪之女沒入於公。得幸而有所生。猶樹斬而復生也。引申之。凡庶子皆曰孽。叚借為媒孽之孽。

孫
去 平

音飧。子所生者曰孫。子孫。重孫。音巽。謙讓也。

思魂切。子之子也。从子从系。系續也。續子之嗣也。故泛言之。則自子以下皆得稱焉。轉注為孫竹稻孫之孫。又蘇困切。與遜通。如謙孫孫位是。

倫
平

音淪。親戚有序曰倫。倫常。天倫。

力迍切。輩也。順也。猶言順輩之序也。故君臣父子夫婦昆弟朋友。謂之五倫。又宗族親戚統謂之人倫。

親
平

七平聲。不疏曰親。親戚。親近。

七人切。屬也。近也。謂屬之最近者。故父子夫婦昆弟為六親。九族曰合親。父母曰雙親。有婚姻之約者曰姻親。又引申為躬親之親。

疏
去 平

音梳。分之遠者曰疏。疏遠。疏房。音數。陳事於朝曰奏疏。

山徂切。通也。从㐬从疋。㐬子生也。疋。破包足動皃。凡孕則塞。生則通。故引申為疏通之疏。轉注為疏遠之疏。又章奏亦曰疏。讀所助切。以其分條陳事而言之也。

嫡
入

音的。合以正者曰嫡。嫡親。嫡庶。

丁歷切。敵也。言與之匹敵也。故正室曰嫡。正室所生長子曰嫡子。嫡子所生長子曰嫡孫。經傳皆以適為之。

眷
去

音卷。親戚之應顧睠者曰眷。家眷。親眷。

吉掾切。睠也。引申為眷顧之眷。又借為婘。即俗所謂眷族之眷。

戚
入

音磩。族之近者曰戚。親戚。至戚。

倉歷切。斧也。假借為慼。故憂哀曰戚。又借為傶。傶傶近也。故轉注為親戚之戚。

姻
婣 平

音因。男女相因之親曰姻。婚姻。姻親。

於真切。壻家也。女之所因。故曰姻。今妻父曰婚。壻父曰姻。引申為婚姻之姻。

配
去

音旆。匹之為配。匹配。原配。

滂佩切。酒色也。假借為妃。引申為配耦之配。轉注為配饗之配。

媵
去

音孕。從嫁之女曰媵。媵妾。

以證切。古者諸侯嫁女。同姓二國媵之。引申之。凡隨從者皆曰媵。燕禮有媵爵。謂先飲一爵。後一爵從之也。

師 平

音獅 能傳教我者為師 老師 師生

踈夷切 二千五百人為師 春秋時雖累萬之衆皆稱師 古天子有六軍亦曰六師 師衆所聚也 故亦訓衆 天子之都曰京師 亦取衆聚之義 又借為帥 帥者可以為人表儀者也 故引申為師傅之師 今官制有太師少師

傅 去

音付 能輔導我者為傅 師傅

方遇切 相也 以德義傅相之也 引申為師傅之傅 古官制有太傅少傅 今與太師少師太保少保同為一二品之加銜

朋 平

音鵬 同類為朋 朋友 朋黨

步崩切 神鳥也 鵬朋皆鳳字古文象形 隸書作朋 今從之 凡鳳飛則羣鳥隨以萬數 故引申為朋類之朋 周禮大司徒注 同師曰朋 同志曰友 又書八家為隣 三隣為朋 皆朋類相從之義也 轉注兩尊曰朋 亦稱朋酒

友 上

音有 有所輔益曰友 朋友 交友

云久切 同志曰友 轉注為友愛之友 又轉為獸二曰友

賓 平

音濱 客之大者曰賓 賓客

必隣切 敬也 賓客無不敬 故引申為賓客之賓 古者五等諸侯為大賓 其孤卿為大客 今統稱為賓客 叚借為擯棄之擯 轉注為賓服之賓

鰥 平

音關 寡夫曰鰥 鰥魚 鰥夫

姑還切 大魚也 鰥目不閉 有愁悒之皃 故引申為老而無妻之稱 又與瘝通

寡 上

瓜上聲 老而無夫曰寡 寡婦 多寡

古瓦切 少也 寡君為少德之君 謙詞也 婦五十無夫曰寡 古者無夫無婦皆曰寡 今專以為嫠婦之稱

孤 平

音姑 幼而無父曰孤 孤子 孤哀子

古乎切 三十以下無父稱孤 列國有凶亦稱孤 孤亦寡也 故小國之君以孤為謙稱 又少師少傅少保曰三孤 言其雖為三公之貳 而實非其官屬 故曰孤 既孤則孑 故轉注為孤臣之孤

孀 平

音霜 嫠婦之别稱也 孤孀 孀婦

師莊切 霜也 霜有凄愴之意 故稱嫠婦亦曰孀婦

嫠 平

音釐 寡婦之别稱也 嫠婦

里之切 坼也 婦無夫曰嫠 亦男女分坼之義也

耆 平

音祁 將老曰耆 耆老 耆艾

渠伊切 至也 至老之境也 故六十曰耆

老 上

音栲 過壯之年則為老 老少 長老

魯皓切 七十曰老 从人毛匕 匕(髭)須髮變白也 引申為老少之老 轉注為三老五更之老 又轉為老師糜餉之老

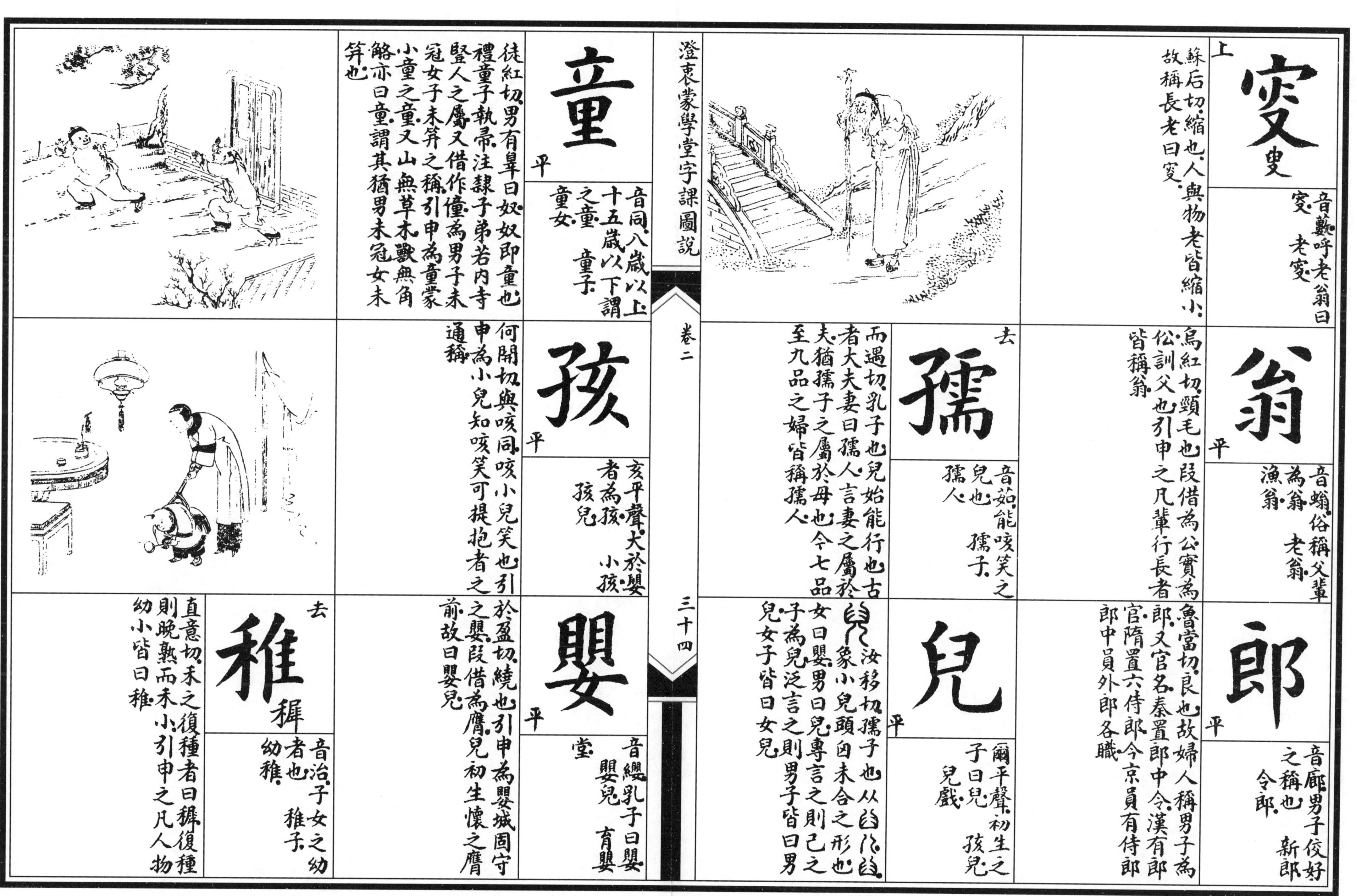

叜（上） 叟

音藪。呼老翁曰叜。 老叜

蘇后切。縮也。人與物老皆縮小。故稱長老曰叜。

翁（平）

音蓊。俗稱父輩為翁。 老翁 漁翁

烏紅切。頸毛也。段借為公。實為伀。訓父也。引申之凡輩行長者皆稱翁。

郎（平）

音廊。男子佼好之稱也。 新郎 令郎

魯當切。良也。故婦人稱男子為郎。又官名。秦置郎中令。漢有郎官。隋置六侍郎。今京員有侍郎郎中員外郎各職。

孺（去）

音茹。能咳笑之兒也。 孺子 孺人

而遇切。乳子也。兒始能行也。古者大夫妻曰孺人。言妻之屬於夫。猶孺子之屬於母也。今七品至九品之婦皆稱孺人。

兒（平）

爾平聲。初生之子曰兒。 孩兒 兒戲

[illegible] 汝移切。孺子也。从[illegible]。象小兒頭囟未合之形也。女曰嬰。男曰兒。專言之則己之子為兒。泛言之則男子皆曰男兒。女子皆曰女兒。

童（平）

音同。八歲以上十五歲以下謂之童。 童子 童女

徒紅切。男有辠曰奴。奴即童也。禮。童子執帚。注。隸子弟若內寺豎人之屬。又借作僮。為男子未冠女子未笄之稱。引申為童蒙小童之童。又山無草木。獸無角。胳亦曰童。謂其猶男未冠女未笄也。

孩（平）

亥平聲。大於嬰者為孩。 小孩 孩兒

何開切。與咳同。咳。小兒笑也。引申為小兒知咳笑可提抱者之通稱。

嬰（平）

音纓。乳子曰嬰。 育嬰堂 嬰兒

於盈切。繞也。引申為嬰城固守之嬰。段借為膺。兒初生懷之膺前。故曰嬰兒。

稚（去） 稺

音治。子女之幼者也。 稚子 幼稚

直意切。禾之後種者曰稺。後種則晚熟而禾小。引申之凡人物幼小皆曰稚。

酋 平

音遒 魁帥之名 酋長

慈秋切 繹酒曰酋 即禮記舊澤之酒也 引申之酒官之長曰大酋 古時羌胡中人名豪帥為酋 今賊中之頭目亦曰酋 皆取其雄長一方之意

霸 去 入

音拍 魄然不明也 音灞 以力服人者曰霸 五霸 霸王

普伯切 謂月始生霸然也 死霸為朔 生霸為望 段借為伯 讀必駕切 長也 故諸侯之長謂之霸 不直言伯而言霸者 謂其把持天子之政令而迫脅諸侯也 春秋五霸 齊桓晉文宋襄秦穆楚莊也

傑 入

音桀 萬人之英曰傑 人傑 豪傑

渠列切 特立也 才過萬人謂之傑 故識時務者為俊傑

士 上

音仕 四民之長曰士 進士 博士

鉏里切 事也 能任事者也 从一从十 數始於一而成於十 推十合一 惟士能之 古以希聖希賢為士 今則學者之通稱 亦男子之美稱也

彥 去

音諺 博士之美稱也 碩彥 邦彥

魚變切 美士有文 人所言詠者也 引申為俊彥之彥

儒 平

音襦 士子之稱 儒教 通儒

汝朱切 通天地人曰儒 儒 幼弱也 故轉注為侏儒之儒

俠 入

音協 不侮不畏謂之俠 俠客

胡頰切 挾也 挾意氣以作威福而能立強於世者也 引申為游俠義俠之俠

民 平

音泯 庶人為民 萬民 良民

彌鄰切 眾萌也 萌者 盲昧無所知也 引申為眾人之稱 古者言四民 士農工商是也

氓 平

音盲 流民為氓 流氓

武庚切 自彼來此之民曰氓 从亡从民 猶言流亡之民也 氓與民通 亦兼盲昧之義

工 平

音公 執技曰工 工匠 長工

古紅切 巧飾也 象有規矩 𢒄 而加文采也 古者審曲面勢 以飭五材 以辨民器 謂之百工 即今工部之職 工能任事也 故引申為臣工之工 再轉為工拙之工

儈 去

音膾 即滬上所謂掮客也

古外切 會合二家交易者謂之儈 古之駔儈 今之牙行主人 皆儈之類也

媒 平

音枚 撮合之謂媒 媒人 媒婆

莫杯切 謀也 謀合異類使和成之 故謂之媒 引申為媒妁之媒 轉注為媒孽之媒

夥 上

音禍。傭工曰夥。夥計。

胡果切。楚人謂多為夥。今俗以同本合謀為合夥。謂其僱傭曰夥友。

傭 平

音容。僱工為傭。傭工。幫傭。

餘封切。均直也。賣力受直曰傭。言隨其力以均其直也。故引申為傭工之傭。

婢 上

音庳。服役之女曰婢。婢女。

便俾切。女之卑者也。古者女子有罪入於舂稾謂之婢。今通稱女之給事者為婢。古禮自世婦以下自稱婢子。則謙詞也。

僕 入

蓬入聲。給事者曰僕。奴僕。太僕寺。

蒲沃切。仕於公曰臣。仕於家曰僕。天子衛御號為大僕。故引申為僕御之僕。今統以傭工為僕。又男子自謙之稱亦曰僕。

奴 平

音孥。服役之男曰奴。奴婢。奴才。

乃都切。男入於罪隸曰奴。女入於舂稾曰婢。引申為奴僕之通稱。今滿人對君自稱曰奴才。蓋自居於世僕也。

僮 平

音同。童子之給事者曰僮。書僮。琴僮。

徒紅切。未冠者也。十九歲以下。八歲以上謂之僮。叚借為童。故奴隸之總稱皆曰僮。

皁 上

曹上聲。役之喝道者曰皁。皁隸。皁礬。

昨早切。賤隸也。傳士臣皁。皁臣輿。輿臣隸。又馬閑也。梁宋齊楚北燕之間謂櫪為皁。周禮三乘為皁。又黑色也。俗言不分黑白。亦曰不分皁白。

閽 平

音昏。門守曰閽。閽人。敂閽。

呼昆切。守門之賤隸也。从門从昏。門以昏閉也。古者刑人墨者使守門。故又曰閽寺。今統稱門隸為閽。轉注以宮門為重閽。故詣闕自愬曰敂閽。

俗 入

音續。風氣所沿襲曰俗。風俗。俗吏。

松玉切。習也。上所化曰風。下所習曰俗。轉注為不雅者之稱。

善 去 上

音蟺。惡之對也。善人。友善。音繕。

上演切。善惡之善也。時戰切。彼善而我善之也。

質 去 入

音桎。物體曰質。元質。質樸。音致。留物以示信曰質。交質。質當。

之日切。質體也。凡物皆有元質。化學家分為六十四種。約分氣類五種。非金類九種。輕金類十九種。賤金類二種。貴金類九種。近增至八十餘種。物之本質皆樸。故引申為質樸之質。陟利切。

才 平 材

音裁。質美可造者曰材。材料。才能。

牆來切。草木初生曰才。引申為材質之材。木已成器曰材。叚借為才能之才。故才材古通用。

聖 去

聲去聲。於事無所不通之謂聖。孔聖。聖教。

式正切。聖通也。凡一事精通皆得謂聖。如詩聖醫聖酒聖皆是。孔子之聖無所不通。故稱至聖。

資 平 貲

音咨。天所賦曰資。資質。資本。

津私切。藉也。古通作貲。人所賴以貿遷者也。亦訓為質。人所賴以進德者也。

賢 平

音弦。次於聖者曰賢。聖賢。賢能。

戶千切。賢多才也。人之才者曰賢。賢人之賢亦曰賢。

哲 入 喆

音折。智也。明哲。哲人。

陟列切。知之曰明哲。古文从三吉字。亦作喆。

淑 入

音孰。善也。師人之善亦曰淑。私淑。淑人。

殊六切。

乂 去

音刈。才德過百人者為乂。俊乂。乂安。

魚刈切。乂刈之本字。从丿乀相交會意。芟草也。芟荑所以安禾。故引申謂治安為乂。治安必有才德。故叚謂賢才為乂。乂入即彥也。彥乂雙聲通叚。

佳 平

音街。美善之稱。佳人。佳妙。

居膎切。其質本善曰佳。古歌絕代有佳人是也。從而善之亦曰佳。老子佳兵者不祥是也。

良 平

音梁。固有之善曰良。良心。賢良。

龍張切。良者本然之善。如良知良能是也。又甚也。如用心良美。用意良殷之良皆是。其用與殊字同。亦與頗字畧同。惟頗字有不甚斷定之意。殊字良字則確實斷之者也。

好 去 上

蒿上聲。美也。結好。好人。音耗。因其美而美之曰好。好惡。

許皓切。媄也。从女子會意。專指女之美者而言。引申為凡美之稱。虛到切。愛而不釋也。

懿 去

音撎。純美也。懿德。懿親。

於戲切。德之粹者曰懿德。親之貴者曰懿親。皆取純美之意。又發聲之詞。如詩懿厥哲婦是也。

篤 入

音督。誠厚曰篤。敦篤。篤實。

都毒切。篤从馬竹聲。馬行頓遲也。引申為病篤之篤。以委頓為義。假借為誠篤之篤。以純厚為義。篤厚之篤本為𩫖字。亦為竺字。經傳多假篤者。以其聲同也。

純 平

音淳。精一不雜之為純。純粹。精純。

殊倫切。純絲也。衣服全用絲而無雜質者曰純。故純粹純美之純。皆以精一不雜為義。

敦 平 去

音墩。篤厚曰敦。敦篤。敦請。

音對。盛黍稷之器。盤敦。

都昆切。敦厚也。引申為敦促敦請之敦。以示厚意相待也。都內切。

仁 平

音人。愛之所由出也。仁義。仁愛。

如鄰切。仁。人心也。仁由心出。故果實之發於心者。亦謂之仁。如俗稱杏仁桃仁皆是。

孝 去

嘐去聲。善事父母曰孝。忠孝。孝子。

許教切。子能承事老人曰孝。故从老省。从子會意。

忠 平

音中。盡己之心曰忠。盡忠。忠臣。

陟隆切。从中从心。言中能應外也。

貞 平

音楨。志操正定曰貞。守貞。貞節。

知盈切。卜問事之正者曰貞。从卜貝以為贄會意。引申為貞節之貞。謂操正而志定也。故謚法清白守節曰貞。

節 入

音接。止而不過之謂節。竹節。節制。

子結切。節。竹約也。凡稱節者皆有約義。如時節。節氣。所以約天時也。貞節。節義。所以約人品也。骨節。筋節。所以約身體也。符節。璽節。所以約事權也。節文。所以約禮也。節奏。所以約樂也。皆有限制而不能踰越之義。

廉 平

音匳。不苟得曰廉。堂廉。廉潔。

力鹽切。堂之側邊曰廉。廉。稜也。引申為廉潔之廉。言方正不汙。若有稜角然也。

儉 上

箝上聲。奢之對也。儉樸。寒儉。

巨險切。儉。約也。有不敢放侈之意。如奢儉之儉是。引申謂虛空不足為儉。如腹儉之儉是。

恭 平

音供。敬之發於外者曰恭。恭敬。謙恭。

九容切。恭。敬也。在貌為恭。在心為敬。

敬 去

音竟。恭之主於中者為敬。恭敬。敬容。

居慶切。恭見乎外。敬主乎中。此恭敬二字之別。

端 平

音偳。莊正無邪曰端。兩端。端嚴。

多官切。端。立容直也。引申為端莊之端。叚借為耑。耑。物生之始也。篆文耑。上象生物形。下象其根。一者地也。故引申謂事之始物之末皆曰端。

莊 平

音裝。嚴重不佻曰莊。村莊。莊敬。

側羊切。莊。草大也。从草壯會意。引申為凡壯盛之稱。又六達之衢曰莊。村莊之莊。意本於此。

誠 平

音成。真實無偽曰誠。虔誠。誠意。

時征切。

信 去 平

音訊。能踐其言曰信。信人之言亦曰信。信札。信任。音申。伸也。屈信。

思晉切。信。从人言會意。謂其出言必踐也。故符契曰信。訊問之書亦曰信。又升人切。

孚 平

音敷。信也。有孚。相孚。

芳無切。鳥伏卵也。即孵之本字。凡鳥抱卵。恆以爪反覆之。故从爪子會意。鳥之孚卵。皆如期而不爽。故引申謂信為孚。

寬 平

款平聲。不事苛細曰寬。寬大。寬政。

枯官切。寬。大也。屋大則能居而不窄。量大則能容而不苛。故皆謂之寬。反之謂寬懈之寬。謂事不經意則大而無當也。

雍 平 去

音廱。和也。肅雍。雍容。音壅。古州名。雍州。

於容切。雍本作雝。隸改作雍。鶺鴒之異名也。鶺鴒喜飛鳴。作聲其音邕邕而和。故从邕隹會意。引申為和樂之義。於用切。九州之一。東崤西漢南商北居庸四山之擁翳也。故謂之雍。

敏 上

音愍。捷於應付曰敏。敏妙。敏捷。

美殞切。以事言則迅速曰敏。以質言則聰慧曰敏。皆捷於應付之義。

慧 去

音惠。智也。聰慧。慧敏。

胡桂切。智之蘊於心者曰慧。慧之發於外者曰智。

謙 平

歉平聲。不自滿曰謙。撝謙。謙虛。

苦兼切。意不自滿曰慊。言不自滿曰謙。古或叚謙為慊字。易有謙卦。䷎

讓 去

壤去聲。先人後己曰讓。退讓。讓人。

而亮切。讓。責也。以言相詰責也。反之為謙讓退讓之讓。

固 去

音顧。難攻易守者曰固。　堅固。　頑固。

古慕切。固，堅守也。物之堅者曰固。志之定者亦曰固。反之為固陋之固。言拘泥古法，執而不化也。又固然，謂原來如此也。於文為順承上文之頓詞。

剛 平

音罔。堅强不屈曰剛。　剛柔。

居郎切。剛本通鋼，銳刀之堅利者也。引申為剛强之剛。

介 去

音戒。取與不苟曰介。　耿介。　介胄。

居拜切。介，畫也。篆文作𠆢，从人从八，會意。八，分也。从人者，取人身左右以見意。引申為擯介之介，所以分賓主也。又申為耿介之介，所以分去取也。段借為介胄鱗介之介，皆甲字之音轉。

桓 平

音丸。威武之貌。　盤桓。　桓圭。

胡官切。亭郵表也。木或四植，或二植。聲之轉曰和表，亦曰華表。段借為威武之貌。謚法：辟土服遠，克敬勤民，曰桓。又公執桓圭，皆所以示威武也。又盤旋亦作盤桓，以疊韻字通假。

毅 去

音劓。强而有決曰毅。　果毅。　毅力。

疑既切。

嚴 平

音巖。威重曰嚴。　寬嚴。　嚴毅。

疑杴切。嚴，威重之貌。引申之，馭人以威曰嚴，如嚴酷之嚴是。畏人之威亦曰嚴，如嚴憚之嚴是。

豪 平

音毫。智過百人者謂之豪。　豪傑。　英豪。

乎刀切。亦作毫。豕鬣之剛而銳者曰豪。引申之，凡毛之尖銳者皆曰豪。人之英銳者亦曰豪。

嘉 平

音加。美善曰嘉。譽人之善亦曰嘉。　可嘉。　嘉慶。

居牙切。善也。古者冠昏饗射謂之嘉禮。

康 平

音穅。安樂之意。　康熙。　安康。

邱岡切。康，安也。大有年曰康年。昇平世曰小康，謂民皆安樂也。又廣大也。五達之路謂之康莊，言廣大便人行也。

榮 平

音營。氣象光輝曰榮。　榮辱。　光榮。

於營切。草木之華謂之榮。取繁盛光明之意，故从木从熒省。顯榮之榮，意本此。　又桐木名榮。

福 入

膚入聲。百順備謂之福。　享福。　福壽。

方六切。洪範五福：一曰壽，二曰富，三曰康寧，四曰攸好德，五曰考終命。福者，備也。古者祭必以誠，則百順皆備，故字从示。今以餕餘為飲福，乃其本意。引申之，降福於人亦曰福，如福善禍淫之福是。

壽 去

音綬。年高曰壽。　壽考。　慶壽。

承咒切。壽，久也。古者百二十歲為上壽，百歲為中壽，八十歲為下壽。引申之，賀人之壽亦曰壽。壽者，人之所欲，故卑下奉觴皆曰上壽也。

祉 上

音趾．福也．福祉．

丑里切．祉之言止．取吉祥止止之意．

祥 平

音詳．吉凶之兆曰祥．災祥．祥瑞．

徐羊切．善惡之徵也．禎祥曰吉祥．妖孽曰凶祥．今多以吉兆為祥．凶祥謂之不祥．

昌 平

倡平聲．光明美盛之稱．昌盛．昌言．

齒良切．日光也．引申為光昌昌盛之昌．又申為昌言之昌．昌言有二義．一謂善言．一謂聲言於衆也．

綏 平

音雖．安也．授綏．綏定．

蘇回切．挽以上車之索曰綏．禮升車必正立執綏．所以安也．故引申為綏安之綏．

惡 入 去 平

音堊．善之反曰惡．惡人．

汙去聲．憎惡曰惡．惡惡．

音汙．歎詞．

遏各切．凡事物之不善者皆曰惡．故行劣貌寢者曰惡人．粗飯曰惡食．凶年曰惡歲．烏故切．愛之對曰惡．汪烏切．歎聲．與烏通．又惡見猶安見也．拒之之詞．

陋 去

音漏．窄隘曰陋．鄙陋．陋巷．

郎豆切．不廣也．見聞不廣則陋．故寡見曰陋．居處不廣則陋．故僻居曰陋．隘巷亦曰陋．皆以窄狹為義．

劣 入

音埒．優之對也．劣蹟．優劣．

龍輟切．劣弱也．从力少會意．引申為鄙惡之稱．

癡 平

音鴟．不慧曰癡．嬌癡．痴聾．

超之切．俗作痴．癡騃也．心失其職而不能制百體之運動．謂之癡．證以全體學之理．則腦筋麻木也．人之肥者．每不便於運動．故有癡肥之稱．

頑 平

刖平聲．心不則德義之經曰頑．冥頑．頑耍．

魚鰥切．頭梱鈍而不銳者曰頑．引申為冥然罔覺之稱．又好弄曰頑．亦謂童昏無知．惟事戲弄也．

愚 平

音虞．不智曰愚．智愚．愚昧．

元俱切．愚之言寓也．無所為無所知．若寄寓然．引申之以術弄人亦曰愚．

拙 入

音棁．鈍而不利曰拙．工拙．拙工．

朱劣切．拙者．巧之對也．

蠢 上

音惷．無知妄作曰蠢．蠢動．愚蠢．

尺允切．蟲動也．引申之凡動而不遜皆曰蠢．惟其無知．故不遜而動也．

昧

去

音妹。闇也。昧旦。曖昧。

莫佩切。夜未明而向晨曰昧。引申為幽闇不明事理之稱。

悖

去 入

音孛。逆也。不悖。悖逆。音佩。義同。

薄没切。悖之為言背也。凡背理之事皆曰悖。故犯上作亂者曰悖逆。又蒲昧切。

妄

去

音望。不知而作謂之妄。无妄。妄人。

巫放切。凡不揆於輕重而出之皆曰妄。故無識之人曰妄人。無據之言曰妄言。越禮之事曰妄作。

謬

去

音繆。誤也。荒謬。謬妄。

眉救切。謬之出於無心者曰誤。誤之出於有意者曰謬。

誤

去

音寤。謬也。錯誤。誤事。

五故切。凡言應出此而謬出於彼。事應行此而謬行於彼者。皆謂之誤。於言為本義。於事為引申也。

愆

平

音騫。過失曰愆。愆尤。不愆。

苦堅切。亦作㥶。籀文作諐。心有所失謂之愆。引申為愆儀、愆期之愆。皆以踰越其本心為義。

咎

上

音舅。與善相違者曰咎。休咎。无咎。

巨九切。咎从人从各。會意。各者相違也。故於義為謗。如無咎無譽之咎是。引申謂過為咎。以其與善相違也。謂災為咎。以其與祥相違也。

詐

去

祖去聲。言不信也。欺詐。詐人。

側嫁切。言之背信藏巧者謂之詐。事之飾偽欺人者亦謂之詐。

偽

去

危去聲。言行不實曰偽。真偽。偽為。

危睡切。詐也。凡實不副名、言不副行者皆曰偽。故文飾經術以炫世俗者曰偽學。割據州郡以盗名字者曰偽朝。

誣

平

音無。以無為有曰誣。誣妄。被誣。

微夫切。於言。憑虛構謗曰誣。於事。加罰無罪曰誣。於學。望文生義曰誣。皆以無為有之義。

枉

上

汪上聲。邪曲曰枉。冤枉。枉曲。

嫗往切。枉者木屈曲之意。引申謂人之不直者。事之被誣者。皆曰枉。

假

上

音賈。借也。假借。真假。

舉下切。假。非實有者也。故於財曰假貸。於事曰假託。於六書。本無其字而依聲以託事者曰假借。後世又有本有其字。而亦以同聲字相借用者。曰通假。又凡供人之事而請期休息者曰乞假。以身屬於人則權非己有也。

欺 平

音僛。行詐於人曰欺。自欺。欺騙。

邱其切。以心言則詐譎曰欺。以言言則誣誑曰欺。以事言則陵侮曰欺。皆行詐於人之謂。

侮 上

音武。慢人曰侮。侮慢。狎侮。

罔甫切。

負 去

音婦。有所恃者曰負。不足恃者亦曰負。欺負。負人。

扶缶切。負恃也。从人守貝。有所恃也。如負固之負是。引申之。以背任物曰負。如負擔之負是。因以為自任之稱。如抱負之負是。并轉為違背初心之稱。如負德負恩是。又勝之對為負。則亦違背始願之意也。

干 平

音竿。以非禮相觸犯曰干。干冒。干求。干盾。干係。

古寒切。犯也。引申為冒進之義。如干祿干澤是也。犯則必亂。故相干之干訓為亂。亂必有以禦之。故闌干之干與干城干盾之干。皆以捍禦為義。

狎 入

音匣。交久敬衰曰狎。戲狎。狎侮。

轄甲切。狎犬可習也。引申為狎侮之狎。謂親而不尊也。

諂 上

覘上聲。好順人意曰諂。驕諂。諂諛。

丑琰切。以不善先人者謂之諂。諂之言陷也。謂以佞言諂之也。古文作讇。

僭 去

尖去聲。越分曰僭。僭越。僭儗。

子念切。以下效上。以下犯上。皆曰僭。為其越於分之外也。

妒（妬） 去

音覩。以才貌相嫉曰妒。嫉妒。妒婦。

都故切。二女相嫉曰妒。引申為妒賢妒功之妒。皆二人相嫉之意也。字亦作妬。

忤（牾） 去

音誤。逆也。忤逆。牴牾。

五故切。凡事逆於理。意逆於人。皆曰忤。故違逆君親之意者曰忤逆。字亦作牾。牛角相牴觸曰牴牾。因以為違背之稱。

驕 平

音嬌。意氣陵人曰驕。驕傲。

居妖切。馬不受控曰驕。引申之。人之縱恣者皆曰驕。

仇 平

音求。匹敵也。仇讎。好仇。

渠尤切。仇者相當相對之謂。故互合曰仇。互敵亦曰仇。

傲 去

敖去聲。倨慢也。驕傲。傲慢。

魚到切。曲禮。凡視上於面則傲。言倨慢無禮。目中若無人者然也。傲睨以目言。傲慢以心言。倨傲以身言。驕傲以氣言。

狂 平

音軭。心不能審是非者曰狂。發狂。狂吠。

渠王切。猘犬曰狂。謂犬之妄行者也。古文作忹。則謂人之妄行者也。今概假狂字為用。

狡 上

音絞。黠慧曰狡。狡兔。凶狡。

古卯切。狡犬之黠者。引申為狡獪之狡。謂兒戲之猾者也。又申為狡猾之狡。謂人之黠智者類之也。

奢 平

音賒。越分以自奉曰奢。驕奢。奢侈。

詩遮切。反儉為奢。籀文作奓。从大从多會意。引申為奢願之奢。謂夸而無當也。

侈 上

音齒。自大曰侈。奢侈。

尺里切。反儉為侈。侈者自大之意也。引申為廣大夸大之稱。

貪 平

音歛。求取無饜曰貪。貪心。貪財。

他含切。反廉為貪。本義謂貪財也。故从貝。引申為貪生貪兵之貪。

吝 去

音藺。嗇於出者曰吝。驕吝。吝惜。

良刃切。凡己之所有而不肯施於人者曰吝。如吝財吝教之類是也。

淫 平

音霪。過甚也。浸淫。淫威。

夷針切。平地出水曰淫水。淫者過而不知止也。故引申之。凡有所好而沈溺其中者曰淫。逞其欲而不肯自制者亦曰淫。假借為婬。謂男女不以禮相交也。

汙 洿 平

音烏。不潔曰汙。汙穢。貪汙。

汪胡切。濁水不流曰汙。引申之人有穢行。物有瑕垢。皆曰汙。又趨承旨意亦曰汙。言私所好而曲從之。不知自潔其品也。又造謗誣人亦曰汙。言被人以惡名猶納之汙穢之中也。字亦作洿。

垢 上

音茍。蒙汙曰垢。塵垢。垢辱。

舉后切。垢濁也。如塵垢垢氛是。濁者必見辱於人。故引申為含垢忍垢之垢。皆以辱為義。

穢 去

音蔵。汙也。汙穢。穢物。

烏廢切。田中雜草曰穢。引申為汙穢穢德之穢。

邪 衺 平

音耶。邑名。琅邪。音斜。反正為邪。奇衺。邪說。

余遮切。琅邪。古齊邑。地有琅邪山故名。在今山東青州府諸城縣境。徐嗟切。衺之假。衺本衣服不正之稱。引申為反正之義。

僻 入

音批入聲。荒陋怪誕曰僻。偏僻。僻陋。

匹亦切。僻避也。即行辟人之辟也。凡相避必屏於一邊。故引申之謂地之交於邊徼者曰僻陋。人之越於正軌者曰邪僻。皆行不由中之意。

奸（姦）平

音菅。行多邪僻曰奸。　奸宄　姦臣

居顏切。犯婬也。从干女會意。引申之凡心術不端及以下犯上者皆謂之奸。如奸雄奸惡等是。古與姦字相通為用。

凶 平

音胷。惡人之稱。　凶惡　吉凶

虛容切。凶惡也。象地穿交陷其中。言惡之害人猶地之塹可陷人也。凶年凶器皆本此意。

刁 平

音貂。詭譎之稱。　刁惡　刁斗

丁聊切。古無刁字。即刀字之變也。古者軍中有鐎。以銅為之。受一斗。晝炊夜擊。形如銷而無緣。亦謂之刁斗。俗又以刁為言動詭譎之稱。

乖 平

怪平聲。與人背異曰乖。　乖戾　乖覺

公懷切。乖戾也。剛柔適中謂之和。反和為乖。引申之相離亦曰乖。如乖違之乖是。俗以小兒靈慧曰乖。與本義適相反。乃里巷之俚詞也。

戾 去

音麗。乖背於理曰戾。　乖戾　戾止

力霽切。戾曲也。从犬出户下身曲戾也。假借為盭。盭乖背也。經傳多以戾為之。如暴戾之戾是。又來至曰戾。定止亦曰戾。則逮字之通假也。

暴 去　入

音菢。殘忍之稱。　暴虐

音僕。表白於人曰暴。　表暴

蒲報切。暴者猝起之意。故疾風曰暴風。猝怒曰暴怒。驟病曰暴病。申為殘暴之暴。　蒲木切。曝之假字。曝物必顯露於外。故申為表示於外之稱。

虐 入

音瘧。殘暴無理曰虐。　陵虐　虐政

逆約切。从虍从人。象虎足反爪人也。引申之害人之最者曰虐。

刻 入

音克。苛求苛責於人皆曰刻。　雕刻　刻剝

苦得切。刻鏤也。金謂之鏤。木謂之刻。鏤刻之工以深為貴。故引申之凡深求於人者皆謂之刻。如苛刻刻薄之類是。　又漏刻。古者紀時之具。古晝夜作百刻。今西法用鐘表。分十二時為九十六刻。四刻為一點鐘。

残 平

音殘。賊義者謂之殘。　凶殘　殘疾

財干切。殘古文戔。从二戈會意。篆文从歺。則以傷於戔會意。故用殘字皆有傷害之意。凶殘殘暴害於政。殘缺殘毀害於物。殘人殘疾害於身。殘餘之殘則殆字之通假。而肉餘之引申也。

忍 上

人上聲。不動心也。　相忍　忍耐

爾軫切。忍者堅中之義。堅而能止曰忍。如含忍之忍是。堅而能行曰忍。如殘忍之忍是。

偷 平

透平聲。不應取者而取之曰偷。　偷兒　偷安

他侯切。偷本作媮。巧黠也。苟且也。穿窬以巧黠苟且取人之物。故謂之偷。引申為偷安偷生之偷。

竊 入

音切。盜物也。　被竊　竊取

千結切。私取人物曰竊。引申之據非所據曰竊。如竊位竊國是也。又申為竊比竊聞之竊。皆自謙之詞。示不敢公言之也。

爭（去・平）

音箏。物相競曰爭。爭鬬 競爭。爭去聲。以言爭也。諫諍。

留耕切。爭引也。从𠬪从厂。爭會意。示彼此競引一物。爭之道也。側迸切。諍字之假。爭者以手。諍者以言。故諫爭為諫諍之假。

篡（去）

音竄。逆取曰篡。篡位。

初患切。凡取而不以順者皆曰篡。其事必出於私心所計算。故字从算从厶。會意也。

劫（入）

音衱。脅奪也。浩劫 劫數。

訖業切。劫从力从去。會意。人欲去以力脅止之也。故以威力迫人及奪物者皆曰劫。引申為兵劫火劫之劫。

毒（入）

音碡。害人之物曰毒。酖毒 毒藥。

徒沃切。毒害人之草也。神農嘗草。以氣味之害人者為毒。引申之。凡足以害人者均謂之毒。

害（去）

孩去聲。傷也。亦傷人也。利害。害人。

合蓋切。从宀从口。會意。言亂階從家起也。丯聲。害者利之反。故事之無利者曰害。害人者不利於人也。害事者不利於事也。

禍（上）

和上聲。福之反也。加禍於人亦曰禍。禍福。首禍。

合果切。禍从示。謂神降之罰也。引申之。凡不測之事皆曰禍。

亂（去）

欒去聲。治之反曰亂。反亂為治亦曰亂。治亂。亂臣。

盧玩切。不治曰亂。故凡事失其倫物失其序皆曰亂。已亂亦曰亂。故凡樂之卒章事之歸束皆曰亂。

盜（去）

音導。攘人所有曰盜。盜物之人即曰盜。強盜。盜名。

杜到切。从次从皿。會意。謂羨人之器皿而思取之也。今律凡公取竊取皆為盜。是專言之則指強賊也。泛言之則陰私自利者皆曰盜。

賊（入）

音蠈。害人曰賊。害人之人亦曰賊。盜賊。賊仁。

疾則切。古以殺人不忌為賊。今以小偷積竊為賊。論字義則盜小而賊大。盜輕而賊重。今律反之。假借以害苗之蟲為賊。

匪（上）

非上聲。甘冒不韙者曰匪。拳匪。匪徒。

甫尾切。匪篚之本字。古者盛幣帛之器也。假借為是非之非。貌法之人所為非禮。故稱盜賊曰匪類。

妖（平）

音夭。異常為妖。妖怪。拿妖。

伊堯切。女子巧笑之貌。假借為祆。凡天時人事之變出非常者曰祆。經傳多用妖者。以同聲字相通假也。

夭（平）

音妖。短折曰夭。夭壽。

伊堯切。少長曰夭。引申為夭折之夭。以其少壯而死未能長成也。又通作枖。枖枖少盛之貌。詩作夭夭。

仕 上

音士 官於朝曰仕 仕宦 出仕

上吏切 古者學優而仕 故四十為強仕之年 今則以釋褐為出仕 自納粟之例開 而仕之途益雜矣

宦 去

音患 在官曰宦 仕宦 宦途

胡慣切 仕也 猶今試用學習之官也 假借為豢 妾為宦女 閹寺為宦官 皆以豢養為義

官 平

音觀 有專職者曰官 官員 做官

古丸切 从宀从𠂤 會意 宀 覆屋也 𠂤猶衆也 言在屋下治衆也 引申之 凡各司所職以治衆者皆曰官 荀子以耳目口鼻形為五官 以其各有所司也

員 平

音圓 官吏之數曰員 委員 人員

午權切 員 物數也 人數亦曰員 故官之顯者曰大員 官之末者曰微員 官之散者曰冗員

品 上

匹上聲 物有等差曰品 品級 上品

匹錦切 品 衆庶也 凡言衆庶 必分差等 故官分大小曰品級 衡人優劣曰品評 引申之 物分其類亦曰品 如田獲三品 惟金三品之類

級 入

音急 有次序也 等級 階級

訖立切 凡有等差者曰級 本訓以絲之次第為級 引申之 歷階之次第亦為級 更申之 歷官之次第亦為級 秦法 斬首一 賜爵一級 故出征所獲之首曰首級

職 入

音織 掌其業曰職 職守 卑職 職

之弋切 職者 常也 民有常業曰職業 官有常守曰職位 歲有常供曰職貢

位 去

音壝 人物有定所者曰位 爵位 位置

于愧切 易 聖人之大寶曰位 此指君位言也 周禮外朝之位 治朝之位 此指臣位言也 引申之 人所坐立皆曰位 如論語 思不出位是也 更申之 物得其所亦曰位 如中庸 天地位焉是也

公 平

音工 兼覆無私謂之公 大公 公論

古紅切 平分也 天下害公莫如私 故古文以八厶為公 八者 背也 厶者 私也 周制 司徒司馬司空為三公 五等之爵首曰公 引申之 凡為君者皆曰公 故君之子曰公子 公子之子曰公孫 更申之 凡稱尊老統謂之公

侯 平

後平聲 五等爵之次曰侯 公侯 侯爵

胡溝切 爵分五等 公侯伯子男是也 故次於公者曰侯 又諸侯為凡為君者之總稱 今稱君侯 縣令曰邑侯 即取百里侯之意

卿 平

音輕 亞於公者曰卿 公卿 卿士

去京切 古者天子有六卿 為冢宰司徒宗伯司馬司寇司空 位在公孤之下 今會典以六部都察院通政司大理寺為九卿

僚 平 寮

音聊 同官於朝曰僚 官僚 僚友

憐蕭切 僚訓為勞 有共勞王事之意 又與寮通 寮 小窗也 叚借為僚友之僚

督 入

音篤。正己率屬曰督。督辦。都督。

都毒切。督訓為董。有董勸其屬之責。故今之官制。文為總督。武為提督。均手握大權。而為下僚所師表者也。

撫 上

音拊。安定其民曰撫。巡撫。撫恤。

芳武切。撫安也。古有巡撫巡按之官。今廢巡按而留巡撫。巡撫謂周巡其地。使民各安其所也。

藩 平

音翻。資以障蔽曰藩。屏藩。藩台。

甫煩切。藩屏也。凡場圃必編竹木以為屏蔽。故訓為藩籬之藩。而諸侯又畿輔之屏蔽也。故亦訓為藩輔之藩。

臬 入

音孽。射的曰臬。藩臬。臬台。

倪結切。臬法也。射鵠為射者之法。故名曰臬。今按察司名臬台。亦以其為執法之官也。

憲 去

音獻。資以表率者曰憲。上憲。憲體。

許建切。懸法示人曰憲。今俗稱歷書曰憲書。上官曰憲台。撫藩臬為三大憲。謂其可資法守也。

尹 上

音允。董治其事曰尹。令尹。府尹。

余準切。尹治也。設官所以治事。故古者每以尹名官。如大臣有師尹。令尹。小臣有關尹。奄尹之類。今之沿用尹名者。如順天府府尹等是也。

部 上

音蔀。總統其類曰部。六部。部位。

裴古切。凡有統屬者皆曰部。引申為部署之部。如吏戶禮兵刑工。今分為六部。即六卿之署也。又申為部曲之部。猶言軍法皆有部伍也。

曹 平

音漕。同班為曹。曹操。汝曹。

財勞切。獄之兩曹在庭東。曹者。从東。治事之所也。从曰。判事之言也。轉注為曹偶之曹。又國名。後人因以為姓。今山東曹州府。即古曹國地。

司 平

音思。有管理之權曰司。有司。司官。

新茲切。總領其事謂之司。古如司徒。司馬。司空。今如布政。按察之類。均所謂責有攸司也。引申之。凡官之屬吏。謂之有司。今西人招股同辦一事曰公司。

使 去　上

音史。上使其下曰使。指使。使令。音駛。遣人聘問曰使。使者。

師止切。使人曰使。式至切。為人所使曰使。泰西各國最重邦交。有頭等。二等。三等公使名目。中國於英法義比俄德美日秘日本高麗。均特簡出使大臣。皆二等公使也。其有全權者為頭等公使。

丞 平

音承。副其正者曰丞。丞相。

辰陵切。凡奉承意指而為人佐者皆曰丞。古者設疑丞之官以佐師保。今則京曹有寺丞署丞。外吏有縣丞驛丞。均佐長官以理庶政者也。

尉 去

音畏。從上按下曰尉。尉官。

於胃切。漢有太尉。掌軍事。應劭曰。自上按下曰尉。武官悉以為稱。故今有輕車都尉騎都尉雲騎尉諸官。又廷尉所以聽獄。縣尉所以安民。皆漢時官名也。

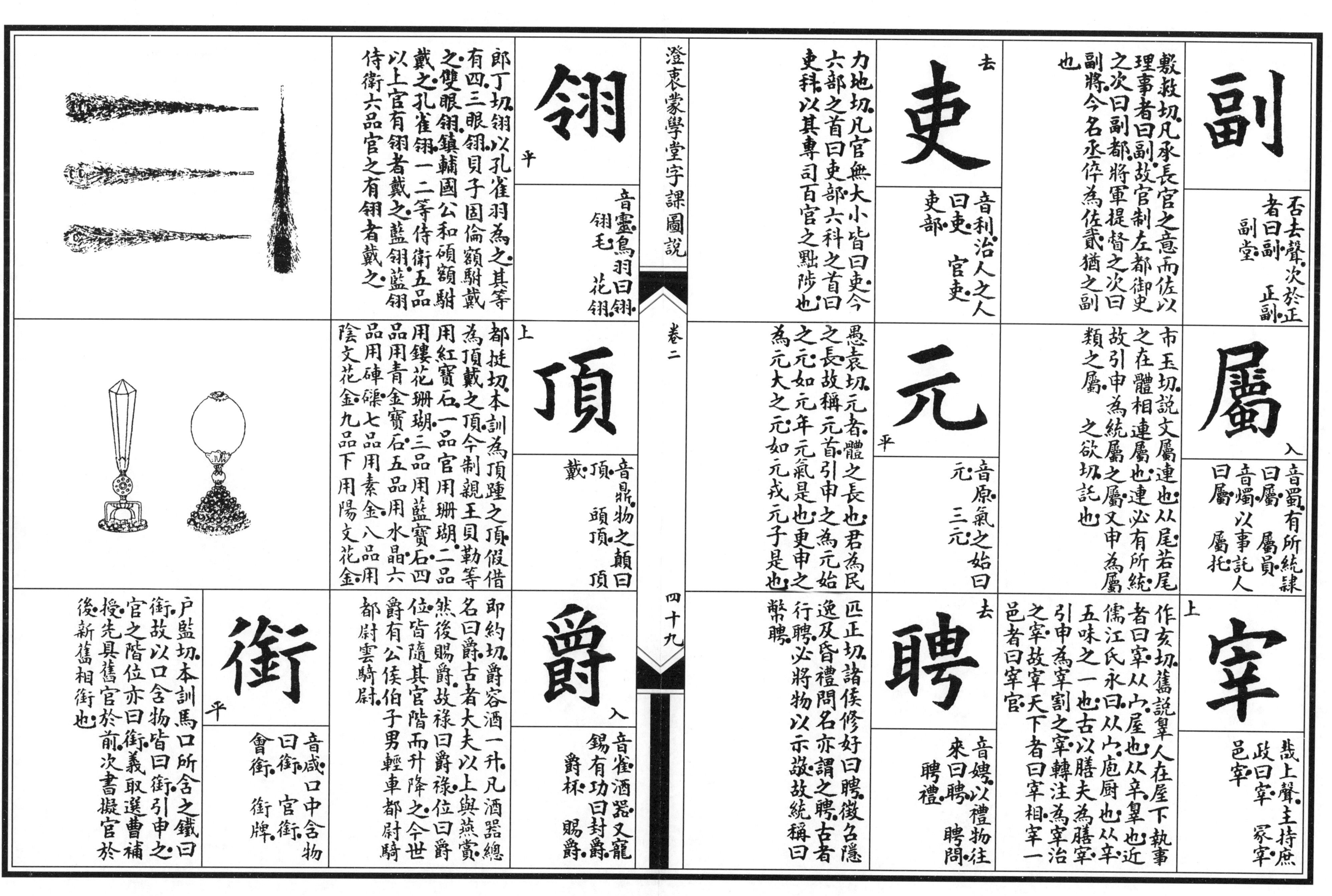

副 去

否去聲。次於正者曰副。　正副　副堂

敷救切。凡承長官之意而佐以理事者曰副。故官制左都御史之次曰副都。將軍提督之次曰副將。今名丞倅為佐貳猶之副也。

吏 去

音利。治人之人曰吏。　官吏　吏部

力地切。凡官無大小皆曰吏。今六部之首曰吏部。六科之首曰吏科。以其專司百官之黜陟也。

屬 入

音蜀。有所統隸曰屬。　屬員

音燭。以事託人曰屬。　屬托

市玉切。說文。屬連也。从尾。若尾之在體相連屬也。連必有所統。故引申為統屬之屬。又申為屬類之屬。　之欲切。託也。

元 平

音原。氣之始曰元。　三元

愚袁切。元者。體之長也。君為民之長。故稱元首。引申之為元始之元。如元年元氣是也。更申之為元大之元。如元戎元子是也。

宰 上

哉上聲。主持庶政曰宰。　冢宰　邑宰

作亥切。舊說。辠人在屋下執事者曰宰。从宀。从辛。辛。辠也。近儒江氏永曰。从宀。庖廚也。从辛。五味之一也。古以膳夫為膳宰。引申為宰割之宰。韓注為宰治之宰。故宰天下者曰宰相。宰一邑者曰宰官。

聘 去

音娉。以禮物往來曰聘。　聘問　聘禮

匹正切。諸侯修好曰聘。徵名隱逸及昏禮問名亦謂之聘。古者行聘必將物以示敬。故統稱曰幣聘。

翎 平

音靈。鳥羽曰翎。　翎毛　花翎

郎丁切。翎以孔雀羽為之。其等有四。三眼翎。貝子固倫額駙戴之。雙眼翎。鎮輔國公和碩額駙戴之。孔雀翎。一二等侍衛五品以上官有翎者戴之。藍翎。藍翎侍衛六品官之有翎者戴之。

頂 上

音鼎。物之巔曰頂。　頭頂　頂戴

都挺切。本訓為頂踵之頂。假借為頂戴之頂。今制親王貝勒等用紅寶石。一品官用珊瑚。二品用鏤花珊瑚。三品用藍寶石。四品用青金寶石。五品用水晶。六品用硨磲。七品用素金。八品用陰文花金。九品下用陽文花金。

爵 入

音雀。酒器。又寵錫有功曰封爵。　爵杯　賜爵

即約切。爵容酒一升。凡酒器總名曰爵。古者大夫以上與燕賞。然後賜爵。故祿曰爵祿。位曰爵位。皆隨其官階而升降之。今世爵有公侯伯子男輕車都尉騎都尉雲騎尉。

銜 平

音咸。口中含物曰銜。　官銜　會銜　銜牌

戶監切。本訓馬口所含之鐵曰銜。故以口含物皆曰銜。引申之官之階位亦曰銜。義取選曹補授先具舊官於前。次書擬官於後。新舊相銜也。

封 平

音葑。分諸侯以土曰封。封疆。封爵。

府容切。封建之制，周禮與王制不同，然皆以世守其土為義。轉注為封山、封墓之封，則又謂聚土而封之也。聚者必厚，故封靡封殖之封，皆以厚為義。聚者必大，故封狐、封豕之封，皆以大為義。

秩 入

音姪。有次序也。秩序。天秩。

直質切。稟祿之類也。祿有常數曰秩。官有常職亦曰秩。引申之，凡事之有條不紊者皆曰秩。

俸 去

音憣。官之食祿曰俸。薪俸。俸祿。

扶用切。古者以米為俸，有食祿至萬鍾者。後世官俸銀米兼之。然俸愈薄則吏愈汙，故論者咸持加俸之說。

祿 入

音鹿。居官所給稟也。福祿。

盧谷切。祿，穀也。禮：祿以馭其士。若今春秋俸，是人以食祿為福，故人死又曰無祿。

賤 去

音羨。不貴曰賤。輕賤。賤貨。

在線切。賤，價少也。物價分貴賤，人類亦分貴賤。今以黃種、白種為貴種，黑種為賤種。

差 平

音杈。有過曰差。音縒。參亂不齊曰差。音釵。授人以事曰差。

初加切。凡事不得其當曰差。凡物不及其等亦曰差。引申為參差之差，叉茲切。參者，三相參也。差者，兩相差也。初佳切。使也。使人曰差，受人之使亦曰差。

胥 平

音滑。吏之賤者曰胥。胥役。

新於切。蟹醢曰胥。胥，相也。助也。謂其相助為理也。王制：助樂正以課士者曰大胥、小胥。周官有府史胥徒，所謂胥者，即今書差之類。

役 入

音疫。從公曰役。差役。役夫。

營隻切。役，从殳从彳。謂執殳以戍邊也。引申之，凡受人使令皆曰役。

貶 上

音疺。減損之義也。褒貶。貶黜。

悲檢切。由增而減，由貴而賤曰貶。故貨之減值者曰貶價，官之降秩者曰貶官。

黜 入

音怵。貶退不用曰黜。黜陟。放黜。

丑律切。从黑从出。黑者，暗昧不明之意。出者，退也。書：黜陟幽明。謂遇明者則陟之，若遇暗昧不明者則退之，不使進用也。

謫 入

音摘。罰罪使警曰謫。譴謫。謫降。

陟革切。凡職官獲譴，大過則黜，小過則謫。謫者，降其官階，使知警懼，以贖前愆也。

贓 平

音臧。貪汙壞法曰贓。貪贓。贓私。

兹郎切。贓有藏匿貨財之意。从貝，財也。从臧，藏也。故官之貪汙者曰贓吏。